Erich H. Heimann

Selbst
Bäder modernisieren
und integrieren

Compact Verlag

© 1996 Compact Verlag München
Nachdruck, auch auszugsweise,
nur mit ausdrücklicher Genehmigung
des Verlags gestattet.
Alle Anleitungen wurden
sorgfältig erprobt – eine
Haftung kann dennoch
nicht übernommen werden.
Redaktion: Anne Kaspar, Maximilian Paul
Umschlaggestaltung: Inga Koch
Druck: Color-Offset GmbH, München
ISBN: 3-8174-2228-8
2222289

Ein Wort zuvor

Selbermachen – ein Hobby, das heute für Millionen zur sinnvollen Freizeitbeschäftigung geworden ist. Ob es sich nun um die gemietete Altbauwohnung oder um die eigenen vier Wände handelt, mit etwas Geschick und einer fachmännischen Anleitung lassen sich oft verblüffende Ergebnisse erzielen: bei kleineren Reparaturen, beim Renovieren und Verschönern und beim Um- und Ausbauen.

Und Selbermachen bringt Spaß. Freude an der eigenen Arbeit, deren Ergebnis man Tag für Tag sehen und »bewundern« kann; es spart Geld, mit dem sich langgehegte Wünsche erfüllen lassen, und es macht unabhängig von Handwerkern, auf die man womöglich wochenlang und schließlich vergeblich gewartet hat.

Fachgeschäfte, Heimwerker- und Baumärkte versorgen den Hobby-Handwerker mit allen Werkzeugen und Materialien, die er braucht. Doch richtiges Werkzeug und Begeisterung allein reichen nicht aus. Unerläßlich sind eine gründliche Vorbereitung und Fachkenntnisse, wie eine Arbeit durchzuführen ist und was dabei zu beachten ist.

COMPACT PRAXIS **Selbst Bäder modernisieren und integrieren** zeigt, wie man's macht. Mit wertvollen Tips und Tricks, die sich in der Praxis tausendfach bewährt haben. Jeder Arbeitsgang wird ausführlich Schritt für Schritt gezeigt und in Bild und Text erläutert. Übersichtliche Symbole zeigen auf einen Blick, mit welchem Schwierigkeitsgrad, welchem Kraft- und Zeitaufwand Sie bei jedem Arbeitsgang rechnen müssen, welche Werkzeuge Sie brauchen und wieviel Geld Sie durch Ihre eigene Arbeit einsparen können.

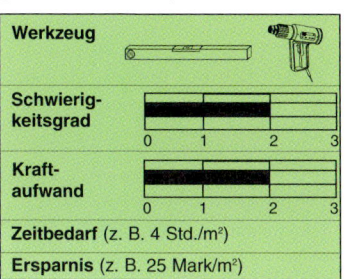

Und so stufen Sie sich richtig ein:

Schwierigkeitsgrad 1 – Arbeiten, die auch der Ungeübte ausführen kann. Es ist nur geringes handwerkliches Geschick erforderlich.

Schwierigkeitsgrad 2 – Arbeiten, die einige Übung im Umgang mit Werkzeug und Material erfordern. Es ist handwerklich durchschnittliches Geschick notwendig.

Schwierigkeitsgrad 3 – Arbeiten, die fachmännische Übung erfordern. Überdurchschnittliches Geschick ist erforderlich.

Kraftaufwand 1 – Leichte Arbeit, die jeder bequem erledigen kann.

Kraftaufwand 2 – Arbeiten, die eine gewisse körperliche Kraft voraussetzen.

Kraftaufwand 3 – Arbeiten für kräftige Heimwerker, die keine »Knochenarbeit« scheuen.

Auf einen Blick

Inhaltsverzeichnis

Renovieren als Eigentümer oder Mieter

Moderner Badkomfort im Altbau

Das Bad hat im Zeichen der Gesundheits- und Fitneßwelle eine Schlüsselposition in unserem Tagesablauf gewonnen. Dadurch sind die Anforderungen an sein Erscheinungsbild wie auch an seine Aufgaben gestiegen.
In den meisten Häusern, die älter als zehn bis 15 Jahre sind, entsprechen die Bäder diesen neuen Ansprüchen nicht.

Folglich steht bei den Renovierungswünschen der Sanitärbereich ganz oben, obwohl das Bad aufgrund seiner **komplexen Ver- und Entsorgungsleitungen** zu den kostenintensivsten Renovierungsobjekten gehört.

Wenn man im eigenen Haus wohnt und somit über alle Planungsfragen und Investitionen allein entscheiden kann, liegt der Gedanke nahe, durch Eigenleistung die Kosten zu verringern. Viele, die sich mit dem Standard ihres Bades nicht mehr zufriedengeben wollen, sind jedoch **Mieter**. Scheut der Vermieter die Ausgaben einer grundlegenden Badrenovierung, kann der Mieter die Renovierung selbst übernehmen und etwa mit einem **Bausparvertrag** finanzieren. Er muß dann die **Zustimmung des Hauseigentümers** zu dem geplanten Vorhaben einholen. Dabei sollte auch geklärt werden, ob dieser die aktive Mitarbeit des Mieters überhaupt gestattet. Außerdem sollte die Dauer des Mietverhältnisses, die Höhe des Mietzinses und ähnliche Fragen vorher vertraglich geregelt werden. Unter Umständen kann es ratsam sein, eine vom Nachmieter zu übernehmende **Abstandssumme** mit dem Hauseigentümer zu vereinbaren.

Falls Sie Schwierigkeiten haben, zu einer einvernehmlichen Absprache zu kommen, wenden Sie sich an den jeweiligen **Hausbesitzer- oder Mieterverein**. Dieser verfügt über Informationsmaterial zu vertraglichen Regelungen.

Hilfe vom Fachmann

Die komplexe Technik des Bads mit seinen umfangreichen Ver- und Entsorgungsleitungen, mit Wasser-, Gas- und Stromanschlüssen verbietet den Alleingang des Selbermachers.

Die **Sicherheitsbestimmungen** der Energieversorgungsunternehmen erlauben nur konzessionierten Fachhandwerkern die Ausführung von Arbeiten an Gas-, Wasser- und Stromleitungen. Fehler in diesem Bereich können fatale Folgen haben: Überschwemmungen, Rückfluß von Brauchwasser aus der Waschmaschine in die Trinkwasserleitung infolge falscher Ventilwahl oder sogar Gasexplosionen oder lebensgefährliche Stromschläge.

Das bedeutet für alle Renovierungsvorhaben im Bad: Ohne fachlichen Rat oder Beistand geht es nicht. Um Mißverständnissen vorzubeugen: Auch die als Nachbarschaftshilfe deklarierte Schwarzarbeit ist nicht vom Fachmann. Der Schwarzarbeiter kann und wird im Schadensfall nicht in die **Haftung** eintreten.

Unverzichtbar: die Installation vom Fachmann

Sicherheitstip

Fachmännischer Rat zahlt sich auch aus, weil er vor Fehlern in der Planung schützt. Fortschrittliche Betriebe sind heute durchaus bereit, mit Selbermachern zu kooperieren.

Im Zweifelsfall können Sie bei der **Handwerkskammer** Auskunft einholen, falls Sie nicht einfach das Gespräch mit dem einen oder anderen Fachbetrieb suchen. Die Mitwirkung eines Fachbetriebs kann auch hilfreich sein, wenn man spezielle Produkte verwenden will. Viele Markenfirmen vertreiben etwa Sanitärkeramik oder Armaturen exklusiv über den **Fachhandel.**

Gerade wegen der speziellen Probleme, die ältere Häuser und ihre Installationen bieten, ist die Zusammenarbeit mit dem Fachmann bei einer größeren Badrenovierung unverzichtbar. Wer als Laie glaubt, ganz ohne fachlichen Rat auskommen zu können, wird unter Umständen feststellen müssen, daß Unkenntnis nicht vor Schaden schützt.

Ver- und Entsorgungsleitungen

Bei sehr alten Häusern fehlt es meist generell an einer zeitgerechten Installation und Energieversorgung, während die früher üblichen dicken Mauern in Sachen Wärme- und Schallschutz oft recht gute Voraussetzungen bieten. Es lohnt sich in jedem Fall, so viele Informationen wie möglich über das Haus zu sammeln, wenn man eine umfangreiche Badrenovierung plant. Dabei kann es auch sinnvoll sein, sich mit Nachbarn zu unterhalten, die bereits eine solche Renovierung durchgeführt haben. So können Sie sich manche Überraschung ersparen.

Alte Leitungen
Neben **Korrosion** ist vor allem die zunehmende **Verkalkung** der Ver- und Entsorgungsleitungen ein ernstzunehmendes Problem.

Schuld daran ist das in weiten Teilen Deutschlands sehr **harte Leitungswasser**, aus dem Kalksalze ausfallen und sich in den Rohren ablagern. So verengt sich ihr Querschnitt immer mehr, und die Durchflußmenge nimmt ab. Wachsende Strömungswiderstände lassen auch den Druck abfallen, was zum Beispiel

Probleme mit Durchlauferhitzern heraufbeschwören kann.

Auch bei **Abflußrohren** kommt es in älteren Häusern immer wieder zu Verstopfungen.
Anders als bei den Versorgungsleitungen besteht bei den Abflußrohren die Möglichkeit, die Verengungen zumindest zu einem großen Teil abzubauen. Hierzu wird von einem Fachunternehmen der gesamte Fallstrang mit einem **Fräskopf**, der von einer langen, biegsamen Welle angetrieben wird, buchstäblich aufgebohrt. Allerdings können bei diesem Verfahren Rohrschäden nicht ausgeschlossen werden. Sie sollten also vor einer umfangreichen Badrenovierung mit einem Fachmann klären, ob Sie die Leitung ausfräsen lassen oder eine neue Abflußleitung einbauen lassen sollen.

Bei der Wasserversorgung bleibt bei zu eng gewordenem Leitungsquerschnitt nichts anderes übrig, als die Zuleitungen zu erneuern. Hier wird der Fachmann meist dazu raten, anstelle der korrosionsanfälligen, verzinkten Eisenrohre Leitungen aus Kupfer zu verlegen. Auf jeden Fall muß

man sich darüber im klaren sein, daß mit alten Leitungsnetzen Risiken verbunden sind. So können die **Drehkräfte**, die beim Lösen von Verschraubungen auftreten, Undichtigkeiten oder auch Brüche im Bereich der Altleitungen verursachen.

Sicherheitstip
Achten Sie immer darauf, die Leitung hinter einer zu lösenden oder neu zu erstellenden Verschraubung mit einer Rohrzange gegen die Übertragung von Torsionskräften zu sichern. So vermeiden Sie nasse und kostspielige Überraschungen.

In manchen Teilen Süddeutschlands findet man in alten Häusern zuweilen noch Wasserleitungen aus **Bleirohr**. Eine Wasserleitung, aus der Blei in Lösung gehen könnte, ist aus gesundheitlichen Gründen nicht tragbar. In solchen Fällen ist eine Neuinstallation dringend anzuraten.

Warmwasserversorgung zentral oder vor Ort?
Während man im Mehrfamilienhaus meist keine Alternative zu einer bereits bestehenden zen-

tralen Warmwasserversorgung hat, kann man im Einfamilienhaus auch andere Wege gehen. Wird zum Beispiel tagsüber kaum Wasser benötigt, bietet sich eine unmittelbare Warmwasserbereitung mittels **Durchlauferhitzer** oder **Warmwasserspeicher** an. Während elektrisch betriebene Warmwassergeräte lediglich einer entsprechenden Stromversorgung bedürfen (meist Dreiphasen-Kraftstrom, wofür unter Umständen eine entsprechende Versorgungsleitung verlegt werden muß), benötigen **Gasgeräte** neben der Energiezuführung zur Verbrennung von Gas auch Luft. Sie wird zum Beispiel durch Lüftungsschlitze in der Badezimmertür oder durch eine Luftversorgung von außen bereitgestellt.

Wichtig ist auch eine sichere Abführung der **Abgase**, Hierzu bedarf es eines freien Kaminzugs. Manche Geräte sind aber auch so konzipiert, daß sie, direkt an einer Außenwand installiert, die benötigte Verbrennungsluft im Freien ansaugen und die Abgase auch auf demselben Weg entlassen. So ist Vergiftungs- oder Erstickungsgefahr ausgeschlossen.

Ökotip

Moderne Mikroprozessoren erlauben eine gradgenaue Vorwahl der Wassertemperatur im Bereich von +30 bis +55 Grad. Zugleich kann man mit ihnen den idealen Energieeinsatz steuern. Das ermöglicht eine Energieeinsparung von bis zu 20 Prozent.
Auch der Wasserverbrauch reduziert sich, weil jetzt kein Wasser mehr durch die umständliche Handregulierung verloren geht.

Es gibt außerdem eine Kombination von **Durchlauferhitzer** und Warmwasserspeicher, den sogenannten **Durchlaufspeicher**. Er arbeitet im Normalbetrieb als Warmwasserspeicher und bei größerem Warmwasserbedarf als Durchlauferhitzer. Ein solches Gerät paßt sich also flexibel der jeweiligen Bedarfssituation an und verbindet so ein Höchstmaß an Komfort mit Wirtschaftlichkeit.

Schließlich kann die Kombination von Warmwasserbereitung und Etagenheizung interessant sein.

Profitip

Die Möglichkeiten sind so vielfältig, daß Sie sich bei der Wahl unbedingt vom Installateur, Elektriker, Fachhändler oder dem örtlichen Energieversorgungsunternehmen beraten lassen sollten. Dort können Sie fragen, ob kostengünstiger Nachtstrom zur Warmwasserbereitung genutzt werden kann.

Elektrochemische Korrosion

In älteren Häusern, aber auch noch in vielen Bauten aus jüngerer Zeit, bestehen die Wasserleitungen aus verzinktem Eisenrohr. Eine nur dünne Zinkschicht schützt das korrosionsanfällige Eisen. So wird dem **Rostfraß** wirkungsvoll begegnet.

Wer allerdings zusätzlich neue Kupferrohre verlegt, wird eine böse Überraschung erleben. Tatsächlich beschleunigt die Kombination von Kupfer, Zink und Eisen die Korrosion erheblich.

Schuld daran ist die sogenannte elektrochemische Korrosion. Dabei geht es um folgendes: Bei einer aus unterschiedlichen Metallen bestehenden Wasserleitung

Warmwasserspeicher

Gas-Therme

Durchlauferhitzer

können die Atome des einen Metalls den Atomen des anderen Metalls elektrische Ladungen entziehen. Das nun mit einer zusätzlichen Ladung versehene Atom (Ion) geht im Leitungswasser in Lösung und verschwindet, wenn Wasser gezapft wird, auf Nimmerwiedersehen. So löst sich ein Teil der Leitung allmählich auf.

Dieser Vorgang beschränkt sich nicht allein auf die unmittelbare Kontaktstelle der verschiedenen Metalle, sondern kann größere Bereiche erfassen, da das Wasser als Transportmedium dient.

Profitip
Achten Sie bei der Badezimmerrenovierung unbedingt auf die Gefahr elektrochemischer Korrosion! Verbinden Sie keine verzinkten Eisenrohre mit Kupferleitungen.

Ein häufig gewählter Ausweg, der auf der einen Seite **korrosionsbeständige Neuleitungen** erlaubt und zugleich die elektrochemische Korrosion vermeidet, sind Rohre und Leitungen aus **Kunststoff**.

Wasserenthärtung durch Ionenaustauscher
Auch die Verkalkung der Leitungen durch hartes Wasser lassen sich mit einem gewissen Aufwand in den Griff bekommen. Mittels eines sogenannten Ionenaustauschverfahrens werden unerwünschtes Kalzium und Magnesium aus den im Wasser gelösten Salzen gegen Natrium ausgetauscht. Die so entstehenden Natriumsalze sind leicht löslich und neigen weniger dazu, sich in den Rohren abzulagern. Neben Ionenaustauschern kommen auch Geräte zum Einsatz, die dem Trinkwasser **Chemikalien** zusetzen, um das Ausfallen von Salzen zu begrenzen. Diese sogenannte **Wasserimpfung** ist aber weniger wirksam als der Ionenaustauscher und kann nicht auf Härteschwankungen reagieren.

Sicherheitstip
Der erhöhte Natriumgehalt des Trinkwassers durch Ionenaustausch kann bei Blutdruck- und Stoffwechselproblemen bedenklich sein. Um den genauen Härtegrad Ihres Stadtbezirks zu erfahren, wenden Sie sich an das örtliche Wasserwerk.

Wärme- und Schallschutz

Kondenswasser

In vielen Bädern bildet sich Kondenswasser. **Mangelhafte Be- und Entlüftung** und **unzureichende Wärmedämmung** sind dafür verantwortlich.

Gerade im Bad ist eine unzureichende Wärmedämmung ungünstig. Durch die relativ hohe Raumtemperatur entsteht auch ein entsprechend hohes Temperaturgefälle nach außen. Die Energieverluste sind nicht nur sehr kostspielig, sondern erhöhen auch die Belastung unserer Umwelt.

An mangelhaft gedämmten **Außenwänden** schlägt sich zudem Kondenswasser nieder. Am besten ist es, im Rahmen einer anstehenden Renovierung zugleich die Wärmedämmung der Außenwand nachzubessern, etwa durch eine gipskartonverkleidete Innendämmung oder durch eine Gipskarton-Verbundplatte, die mit ihrer hartschaumkaschierten Rückseite vor die Innenseite der kühlen Außenwand geklebt wird.

Ein anderes Problem können mangelhaft gedämmte Leitungen sein. Bei Warmwasserleitungen wird Energie verschenkt.

Auch an nicht isolierten Kaltwasserleitungen bildet sich leicht Kondenswasser, das zu **Feuchteschäden** führen kann.

Dies erweist sich vor allem dann als besonders nachteilig, wenn diese Leitungen auf der Wand oder im Sockel eines Schranks liegen.

Ökotip

Achten Sie immer auf eine sorgfältige Dämmung aller Außenwände, kalten Decken und Leitungen. So sparen Sie nicht nur Energie, sondern entlasten auch die Umwelt.

Viele Bäder leiden unter einer unzureichenden Belüftung – vor allem solche ohne Fenster. So stellt sich sehr schnell ein stickig-feuchtes Badklima ein.

Es ist nicht nur unangenehm, sondern bietet auch Bakterien und Pilzen einen idealen Nährboden: In den Raumecken entstehen die bekannten schwarzen Flecken.

Es lohnt sich also, bei einer anstehenden Badrenovierung das Lüftungsproblem zu lösen. Wenn die Möglichkeit besteht, nachträglich ein Fenster einzubauen, sollten Sie diese Chance nutzen.

Sonst ist zu erwägen, ob man nicht durch einen Lüftungskanal die Badluft ins Freie und Frischluft ins Bad leiten kann. Das läßt sich zum Beispiel elegant realisieren, wenn ein sehr hohes Altbaubad eine **abgehängte Decke** erhält. Im Raum zwischen der ursprünglichen Decke und dem abgehängten Plafond bietet sich Platz für eine versteckte Luftführung, deren Wirksamkeit durch einen Ventilator gesteigert werden kann.

Wenn all diese Wege nicht gangbar sind, bietet sich bei extremen Feuchtigkeitsproblemen noch der Ausweg einer **Entfeuchtung** an. Sie arbeitet nach dem Kühlschrank-Prinzip. Dabei wird die feuchtwarme Raumluft in einer Kühlkaskade abgekühlt, wobei der von ihr mitgeführte Wasserdampf kondensiert. Die jetzt trockene Luft wird anschließend durch die Abwärme des Kühlsystems wieder aufgeheizt.

Rohrdämmung

Rohrschacht dämmen

Schallschutz-Schellen

Keramik-Duschwanne

Stellen sich bei einem Bad mit Fenster Überfeuchtungsprobleme und Schimmelbildung ein, so ist dieses Problem mit intensivem Lüften in den Griff zu bekommen.

Schimmelansiedlungen kann man zur Not mit fungiziden Lösungen oder Anti-Schimmel-Anstrichen zu Leibe rücken.

Profitip

Da Klimafragen relativ schwierig zu beurteilen sind, empfiehlt sich bei akuten Problemen auf jeden Fall die Beratung durch einen Klima- und Lüftungsfachmann. Mit ihm können Sie die für Sie am besten geeignete Lösung finden.

Schallschutz

Wenn Sie gern ungestört und ohne andere zu stören baden und duschen möchten, sollten Sie beim Renovieren auf wirksamen Schallschutz achten. Hierzu gehört die Verwendung **schalldämpfender Rohrschellen**, welche die Leitungen mit schwingungsabsorbierenden Packungen umschließen. Moderne Armaturen tragen außerdem zur Verringerung der Fließ- und Leitungsgeräusche bei. Wird der Hohlraum unter einer dröhnenden Duschtasse oder Badewanne aus Stahl mit Steinwolle ausgefüllt, wirkt dieser nicht mehr als Resonanzboden. Auch durch eine geschickte Materialwahl lassen sich Geräuschprobleme verhindern. So absorbieren zum Beispiel **keramische Duschwannen** aufgrund ihrer Masse einen großen Teil der Schallenergie. Auch Wannen aus **Sanitäracryl** neigen weniger zum Dröhnen. Aber selbst bei diesem Material kann durch Unterfüttern mit Steinwolle eine verbesserte Schalldämmung erzielt werden.

Sogenannte **Schallbrücken**, d.h. schwingungsfähige Verbindungen zwischen schallerzeugenden Bauteilen wie Rohrleitungen oder Wannen und dem Baukörper – Wände, Fußboden und Decke – übertragen die Schwingungen auf den Baustoff, wo sie sich als **Körperschall** fortpflanzen. Ähnlich wie der Strom einer Leitung folgt, breitet sich der Schall über eine solche Schallbrücke unter Umständen im ganzen Haus aus.

Profitip
Verwenden Sie bei der Montage schwingungsträchtiger Einbauteile möglichst Kunststoffdübel, welche die Schraube vollends ummanteln, und elastische Beilagscheiben. So vermeiden Sie störende Schallbrücken.

Dort, wo Rohrleitungen Wände durchdringen, sollte man sie vor dem Zuschmieren des Durchbruchs mit Hartschaum umschäumen oder den Durchbruch insgesamt nur durch **Verschäumen** schließen.

Wo Leitungen Fliesen durchdringen, ist es ratsam, die Durchtrittsöffnung so zu bemessen, daß kein direkter Kontakt zwischen Rohr und Fliesen besteht. Den Spalt können Sie dauerelastisch

Abgehängte Decke mit Dämmung

verfüllen. Gleiches gilt auch für den Anschluß zwischen Dusche und Badewanne und gefliesten Wänden. Ein kleiner Spalt, der dauerelastisch mit Sanitärfugendichter abgedichtet wird, verhindert Schallbrücken und sorgt für perfekte Optik.

Gegen Schallübertragungen zu darüber liegenden Wohnungen kann eine abgehängte Zwischendecke mit aufliegender **Steinwolldämmung** helfen. Auch hier müssen Sie darauf achten, daß Tragkonstruktion und Verkleidung ringsum einen 1 bis 2 cm breiten Spalt zu den Wänden halten. Lediglich die aufliegende Dämmschicht liegt an den Wänden an und wird dort eine Handbreit hochgeführt.

Mauerwerksnorm

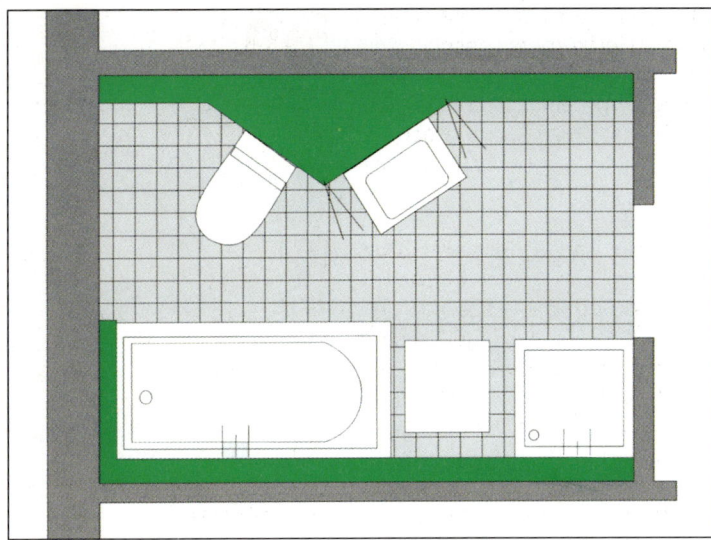

wahlweise eine Höhe von 100 oder 120 cm auf. So ergibt sich ein **Sockel**, der zugleich eine durchgehende Ablagefläche bietet. Seine Abdeckung kann fest verschraubt, aber auch abnehmbar sein, wodurch jederzeit Zugriff zur Installation besteht.

Für die Montage wandhängender Sanitärgeräte sind die Montageelemente mit besonderen Verstärkungen versehen, welche die auftretende Belastung in den Fußboden einleiten. Dies setzt jedoch einen tragfähigen **Betonfußboden** voraus. Allerdings ist eine Vorwandinstallation mit vorgefertigten Ständerelementen auch in Räumen mit **Holzdielenböden** möglich ist, die man heute auch problemlos mit einem Fliesenbelag versehen kann. Dabei gibt es auch die Möglichkeit der Arbeitsteilung zwischen Profi und Selbermacher: Hierbei verlegen Sanitär- und Elektro-Installateur zunächst alle Leitungen auf den Wänden, worauf der Heimwerker vor der fertig installierten Wand ein Ständerwerk errichtet und dies mit feuchtigkeitsbeständigen Gipskarton- oder Gipsfaserplatten beplankt (vgl. Arbeitsanleitung S. 46).

Früher war es üblich, bei der Rohrverlegung die Wände zu schlitzen, um die Leitungen unsichtbar unter Putz zu verlegen. Dies ist heute nicht mehr ohne weiteres möglich, denn wegen des Schallschutzes und aus statischen Gründen wird die Mauerwerksnorm heute viel strenger ausgelegt. Trotzdem muß man sich nicht mit auf den Wänden liegenden Rohren abfinden. Zwar werden die neuen Leitungen auf den bestehenden Wänden installiert, sie verschwinden jedoch hinter einer sogenannten

Vorsatzschale aus feuchtigkeitsbeständigen Gipskarton- oder Gipsfaserplatten. Dabei gibt es zwei in der Ausführung unterschiedliche Verfahren.

Soll eine wandhängende Sanitärkeramik installiert werden, die den Fußboden einbezieht, so verankert der Installateur vorgefertigte **Ständerelemente** am Boden und an den Wänden. Das Ständerwerk wird je nach Raumbedarf für die Installation im Abstand von 15 bis 20 cm vor dem Mauerwerk aufgebaut und weist

Heizung

In vielen Altbaubädern findet man noch monströse Guß-radiatoren. Bei einem Umbau sind platzsparende **Flachheiz-körper** eine ideale Alternative, zumal sie sich auch höher an der Wand installieren oder sogar als dekorativer Raumteiler einsetzen lassen. Solche modernen Heiz-körper können zugleich auch als Handtuchtrockner dienen. Sie lassen sich direkt an die vorhandene **Warmwasserheizung** anschließen.

Es gibt auch Ausführungen mit elektrischer Heizpatrone: während der Heizperiode erfolgt der Betrieb durch die hauseigene **Zentralheizung**, in der Übergangszeit mit Netzstrom. Dies funktioniert sowohl bei herkömmlichen Heizungsanlagen als auch bei **Niedertemperatur-Heizungen**, wobei im Heizkreis auch eine Wärmepumpe oder Solarkollektoren integriert sein können. Die sozusagen zweigleisig betriebenen Heizkörper werden steckerfertig geliefert und sind neben dem üblichen Absperrventil mit einem Regler ausgestattet, so daß eine bedarfsgerechte Heizung möglich ist. Wenn die Zentralheizung nicht in

Betrieb ist, wird das Absperrventil des Heizkörpers geschlossen und am Regler die gewünschte Temperatur eingestellt. Im Normalbetrieb bleibt das Absperrventil geöffnet, und der Regler wird abgeschaltet.

Wird ein Bad in einem bislang heizungslosen Raum eingerichtet, stellt sich die Frage nach einer installationsgünstigen Heizlösung. Auch hier bieten sich elektrisch betriebene Flachheizkörper an. Sie sind mit einer frostgeschützten Wärmeträgerflüssigkeit gefüllt, die über eine elektrische Heizpatrone aufgeheizt wird. Die steckerfertig gelieferte Einheit kann man problemlos selbst installieren.

Daneben gibt es auch andere Möglichkeiten der Direktheizung des Bads, etwa durch elektrisch beheizte **Konvektoren** oder **Schnellheizer mit Gebläse**. Bis zu einer Anschlußleistung von 2 kW sind Direktheizgeräte genehmigungs- und anmeldefrei. Für ihren Anschluß wird lediglich eine Steckdose benötigt.

Direktheizgeräte können trotz ihres relativ hohen Energiever-

Flachheizkörper

Direktheizgerät

Unauffällig: Flachheizkörper

sie auch zu den wirtschaftlichen Systemen.

Ihr nachträglicher Einbau stößt allerdings auf einige Probleme. Da ist einmal die Einbauhöhe: Eine Fußbodenheizung bedarf einer entsprechenden Dämmschicht, damit die teure Heizwärme nicht nach unten abfließt, sondern über die Bodenfläche an den Raum abgegeben wird. In der Regel ist also eine Stufe unvermeidbar, die leicht zur Stolperschwelle werden kann. Auch bei Flachbau-Systemen muß man mit etwa 3 cm Bauhöhe rechnen, wozu dann noch der Fliesenbelag kommt.

Außerdem muß auch noch die Heizungsanlage so ausgelegt sein, daß eine Niedertemperaturheizung angeschlossen werden kann.

Profitip

Über die in Ihrem Fall günstigste Möglichkeit sollten Sie mit einem Heizungsfachmann sprechen. Generell wird der Einbau einer Fußbodenheizung nur dann sinnvoll, wenn die Montage mit einer Heizungsmodernisierung einhergeht.

brauchs eine rentable Heizmethode sein, wenn es darum geht, ein Bad nur kurzzeitig zu beheizen. Über eine **Zeitschaltuhr** kann man die Heizung sogar bedarfsgerecht automatisieren, so daß man morgens und abends jeweils ein angenehm warmes Bad vorfindet.

Wenn das Bad über einen Gasanschluß verfügt oder dieser nachgerüstet werden kann, gibt es die Möglichkeit einer kombinierten Heizung und Warmwasserbereitung mit einer **Kombi-**

Gaswasserheizung, mit der auch eine Fußbodenheizung betrieben werden kann. Die Leistung kann so gewählt werden, daß sie entweder nur für das Bad, für Bad und Küche, für die ganze Wohnung oder sogar für ein komplettes Einfamilienhaus reicht. Die Verrohrung läßt sich kostengünstig in hohlen Fußleisten verlegen.

Fußbodenheizung

Eine Fußbodenheizung ist im Bad eine feine Sache. Als **Niedertemperatur-Heizung** zählt

Dämmstoffe

Grundsätzlich eignen sich für Dämmzwecke im Bad alle auch sonst im Bau eingesetzten Dämmstoffe wie Glas- oder Steinwollmatten in Form der bekannten Randstreifenmatten, Steinwollplatten und auch Polystyrol-Hartschaum. Dabei verbindet Steinwolle eine gute Wärmedämmung mit guten Schallschutzeigenschaften.

Wichtig ist auf jeden Fall, daß bei der Dämmung kühler Außenwände eine **Dampfsperre** in Form einer starken Alu- oder Polyethylenfolie eingebaut wird. Diese verhindert, daß Wasserdampf durch die Wandschale in die Dämmschicht vordringt und sich dort durch Abkühlung als Tauwasser niederschlägt.

Rohrdurchbrüche erfordern zum Schall- und Wärmeschutz eine dämmende **Ummantelung**. Dazu sind einkomponentige Polyurethan-Hartschäume ideal, die direkt in den Hohlraum gespritzt werden. Zur Aushärtung muß der Schaum Luftfeuchtigkeit aufnehmen. Deshalb sind die Hohlräume gründlich anzufeuchten, sonst dauert die Aushärtung des Schaums zu lange, und er fällt ganz oder teilweise zusammen.

Ökotip
Einkomponentige PUR-Schäume sind jetzt recyclebar. Werfen Sie aufgebrauchte Gebinde also nicht in den Müll.

Wenn es um Dämmung kalter Außenwände geht, sind rückseitig mit Hartschaum kaschierte, **imprägnierte Gipskarton-Verbundplatten** hilfreich. Man kann sie mit Ansetzbinder direkt an eine unverputzte oder auch verputzte Wand ansetzen. Damit der Klebemörtel schnell abbindet, verbleibt am Fußboden wie auch am Deckenanschluß ein 1 bis 2 cm breiter Luftspalt, der später zugespachtelt wird. Damit die Verbundplatte im Bad kein Wasser aufnehmen kann, sollte der Bodenspalt im hinteren Bereich mit einem Schlauchprofil ausgefüllt und anschließend von vorn dauerelastisch mit Silikonkautschuk versiegelt werden. Außerdem empfiehlt sich bei Wasserkontakt der Einsatz eines abdichtenden Fliesenklebers.

Die Platten dürfen nicht unmittelbar auf den Fußboden stoßen, sondern müssen durch eine dauerelastisch zu versiegelnde Anschlußfuge gegen Wasseraufnahme geschützt werden.

Dämmplatten und -schalen

Mineralwolldämmung

Fliesen

Riemchenfliesen setzen Akzente

Das Angebot schöner Badezimmerfliese präsentiert eine Fülle von Farben, Größen, Formen, Dekoren und Oberflächen. Hier läßt sich für jeden Geschmack etwas finden.

Die klassische Badezimmerfliese ist aus **Steingut**. Ihr relativ weicher Scherben und ihre nicht allzu strapazierfähige matte oder auch glänzende Glasur beschränken den Einsatz als Fußbodenbelag eindeutig auf den Bereich des barfuß oder mit weich besohlten Hausschuhen

begangenen Privatbads. Eine besondere Eignung als Bodenfliese wird zuweilen von den Herstellern durch ein Fußsymbol herausgestellt.

Bei stärkerer Beanspruchung sollten Sie auf dem Badboden **glasiertes oder unglasiertes Steinzeug** verlegen. Manche Hersteller bieten Kombinationen von Steingutfliesen für die Wand und darauf abgestimmte Steinzeug-Serien an. Ein Steinzeugbelag hält der häufigen Begehung mit Straßenschuhen besser stand.

Glasiertes Steinzeug ist dank seiner versiegelten Oberfläche immun gegen Fleckbildner, von denen es im Bad eine reiche Auswahl gibt. Sie reicht von Wimperntusche bis zu Nagellack, von farbigen Badeölen und Essenzen bis zu Cremes und Make-up. Allerdings ist glasiertes Steinzeug bei Nässe relativ schlüpfrig. Ein sicherer Stand ist durch Verlegen kleiner Formate zu erreichen, die über den erhöhten Fugenanteil dem Fuß mehr Griff bieten.

Achten Sie immer auf die **Abriebgruppe** bei Fliesen. Für ein stärker beanspruchtes Bad empfehlen sich glasierte Steinzeugfliesen der Abriebgruppe II oder höher. Die technische Entwicklung der letzten Jahre hat immer widerstandsfähigere Glasuren ermöglicht, so daß die meisten Qualitätsfliesen mindestens der Abriebgruppe II entsprechen. Bei Heimwerkerprogrammen für den Baumarkt werden glasierte Steinzeugfliesen heute zuweilen nur noch in zwei Kategorien, nämlich in »leichte Beanspruchung« (Abriebgruppe II) und »mittlere bis stärkere Beanspruchung« (Abriebgruppe II und V) unterschieden.

Unglasiertes Steinzeug hat eine mikrorauhe Oberfläche, die eine relativ gute Trittsicherheit bietet. Andererseits ist dadurch die Fliesenoberfläche empfänglich für Verschmutzung und Kalkansätze.

Renovationsfliesen

Wer sein Bad renoviert und neue Fliesen verlegen möchte, muß oft mit Millimetern rechnen. Dies gilt zum Beispiel, wenn Fliesen auf Fliesen geklebt werden und man Probleme mit Rohraustritten oder eine Stolperschwelle zu angrenzenden Räumen vermeiden will. Hier helfen normalformatige, besonders dünne Renovationsfliesen, die bei nur 6 bis 7 mm Dicke genauso belastbar sind wie normaldicke Steinzeugfliesen. So entstehen keine Stolperkanten im Anschluß an Teppichböden. Auch brauchen die Rohranschlüsse nicht verlängert zu werden.

Eine andere Möglichkeit bietet **Klein- und Mittelmosaik** aus Steinzeug, das auf Grund seines kleinen Formats auch weniger dick ist. Es eignet sich für kleinere Bäder auch aus optischen Gründen besonders gut. Pfenniggroßes **Mikromosaik**

verringert die Probleme mit Rohraustritten, Schaltern, Steckern und läßt sich sogar um Rundungen kleben.

Formstücke und Leisten

Aus Bädern um die Jahrhundertwende kennt man harmonisch ineinander übergehende Wand- und Bodenflächen, Ablagen und Simse.

Diese elegante Lösung, die sich zudem auch durch ein Höchstmaß an Pflegeleichtigkeit auszeichnet, wurde durch gerundete keramische Formstücke möglich, die Innen- und Außenecken verkleiden. Diese alte Technik feiert heute ebenso ein Comeback wie die Gliederung von Fliesenflächen durch farbige Leisten, keramische Borden und reliefierte Rahmenteile. Während es keramische Leisten in verschiedenen Farben für Selbermacher im Baumarkt gibt, finden Sie Formstücke, Borden und Rahmenteile fast nur im Fachhandel. Wer auf solch hübschen Badschmuck nicht verzichten möchte, sollte den Fachmann fragen, oder bei entsprechendem Geschick und Erfahrung im Umgang mit Keramik es vielleicht doch einmal selbst versuchen.

Keramische Leisten

Dekorfliesen

Fliesenkleber

Dispersionskleber

Dichtender Kleber

Pulverkleber

Dispersionskleber dienen in der Regel zum Verkleben von Steingut- und Steinzeugfliesen auf Wandflächen. Sie werden meist mit einem Zahnkamm auf eine etwa 1 bis 1,5 m² große Fläche aufgezogen, worauf die Fliesen in das frische Kleberbett gedrückt werden. Für besonders schwere, großformatige Fliesen gibt es Spezialkleber mit extra hoher Anfangshaftung, die ein Abrutschen verhindert.

Neuerdings gibt es auch verarbeitungsfertige, wasserdichte und wasserfeste Dispersionskleber mit ebenfalls hoher Anfangshaftung nach DIN 18156, Teil 3. Sie eignen sich zum Fliesen von Gipskarton- und Gipsfaserplatten, Porenbeton und Spanplatten (V100) wie auch vieler anderer Untergründe. Damit decken sie Einsatzgebiete ab, die früher Zwei-Komponenten-Klebern vorbehalten waren.

Pulverkleber werden üblicherweise bei der Verlegung von Bodenfliesen eingesetzt. Sie lassen sich aber auch bei Wandfliesen verwenden.
Der Zusatz von Kunststoff-Dispersion verbessert die Eigenschaften mancher Pulverkleber entscheidend. Dies ist hilfreich, wenn es um wasserdichte Verklebungen auf kritischen, wasserempfindlichen Untergründen (Gips-, Gipskarton- und Gipsfaserplatten) geht, wenn Bodenfliesen auf Altfliesen geklebt werden sollen, oder wenn ein Untergrund aus Spanplatten eine flexible Verklebung erfordert.
Es gibt allerdings auch von Grund auf besonders flexibel eingestellte Pulverkleber.

Zwei-Komponenten-Kleber sind meist auf Epoxidharzbasis aufgebaut und dienen als wasserfeste und wasserdichte Kleber beim Fliesen von Gipskarton- und Gipsfaserplatten, vor allem im Bereich von Duschen. Sie können auch zum Verfugen verwendet werden und produzieren sehr glatte, schmutz- und feuchtigkeitsabweisende Fugen.

Wichtig ist, daß die verfugte Fläche vor dem Abbinden der Masse rückstandslos mit Wasser und Schwamm gereinigt wird, da sich einmal ausgehärtetes Material nur noch mechanisch entfernen läßt. Dabei nimmt die Fliesenoberfläche in aller Regel Schaden.

Dauerelastische Fugenmassen

Bei der Badrenovierung gibt es viele Anschluß- oder Dehnungsfugen, die einer dauerelastischen Versiegelung bedürfen. Zu diesem Zweck gibt es Sanitärfugendichter, die sowohl transparent als auch in den gängigen Sanitärfarben erhätlich sind. Hochwertige Massen sind auf **Silikon-Kautschuk-Basis** aufgebaut und zeichnen sich durch hohe, dauerhafte Elastizität und Farbtreue aus. Es gibt auch Massen, die **fungizid** (pilztötend) und **bakterizid** ausgerüstet sind. Sie eignen sich besonders für schlecht belüftete und daher oft länger feucht bleibende Ecken.

Silikon-Fugenmassen werden außer bei Sanitär- und Dehnungsfugen auch bei Rohraustritten aus Gipskartonflächen verwendet. Die Austrittsöffnung sollte dabei stets ringsum 1/2 bis 1 cm größer sein als der Rohrdurchmesser, um ein perfekt dichtendes Ausspritzen sicherzustellen.

Um beim Ausspritzen von Sanitär- und Dehnungsfugen ein sauberes Bild zu erhalten, begrenzen Sie den zu versiegelnden Bereich beidseitig durch

Eckfugen-Versiegelung

Universal-Fugenglätter

Rohraustritt versiegeln

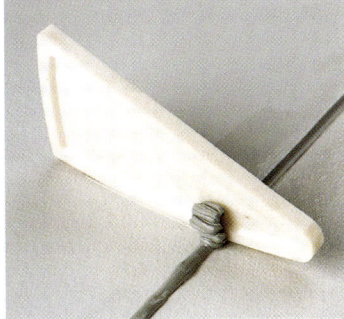
Einsatz in der Fläche

zwei parallel aufgeklebte **Kreppbandstreifen**. Anschließend legen Sie eine Silikonraupe und glätten mit dem mit Spülmittel benetzten Finger vor. Zuletzt können die Abklebungen wieder abgezogen werden.

Mit der erneut benetzten Fingerkuppe wird nun die Versiegelung möglichst in einem Zug nachgeglättet.

Profitip
Verwenden Sie bei der Verfugung einen Universal-Fugenglätter. Er erlaubt eine saubere Fugenausbildung ohne vorheriges Abkleben.

Alternative Wandbekleidungen

Neben Fliesen gibt es auch eine Reihe anderer attraktiver Materialien für Renovierer, die vielleicht nach kostengünstigeren Lösungen suchen.

Lackierte Rauhfaser- oder Prägetapete

Die Wandbekleidung eines Bads muß in erster Linie wasserfest, hygienisch und pflegeleicht sein. Rauhfaser- und Prägetapeten können nach ausgiebigem Trocknen mit umweltfreundlichem Acryllack lackiert werden. Wegen der hohen Luftfeuchtigkeit im Bad, sollten Sie zum Kleben der Tapeten **Spezialkleister** verwenden. Sie können auch normalen Kleister mit einem Zusatz von 20 Prozent Dispersions-Kleber, wie er für PVC-Tapeten verwendet wird, »auffetten«.

Lackiertes oder gestrichenes Glasgewebe

Eine weitere Alternative ist Glasfasergewebe, das in vielen interessanten Strukturen zur Wahl steht. Es hat zudem den Vorteil, daß sich durch seine hohe Zugfestigkeit auch Risse überbrücken lassen. Die Verlegung erfolgt mit einem Spezialkleber, der in der Regel auf die Wand aufgetragen wird. Anschließend wird die Tapetenbahn in das Kleberbett eingelegt und angewalzt. Wenn die Klebung durchgetrocknet ist, kann die Glasfasertapete mit Latexfarbe seidenglänzend gestrichen oder mit Dispersionslack lackiert werden.

Holz

Wenngleich Holz durch Temperatur- und Feuchtigkeitseinflüsse arbeitet und anfällig für Mikroorganismen ist, läßt sich ein Bad auch funktionsgerecht in Holz gestalten. Allerdings verlangt dies eine sehr sorgfältige Holzwahl, eine Konstruktion mit Hinterlüftung und eine regelmäßig aufzufrischende **Oberflächenbehandlung**. Als badgeeignete Holzarten empfehlen sich Red Cedar und vor allem einjährige skandinavische Nadelhölzer.

Profitip

Es gibt großformatige, mehrfach verleimte Platten mit furnierter Oberfläche, die normalerweise im Schiffsinnenausbau zum Einsatz kommen und sich ebenfalls gut für einen Badausbau eignen.

Kork

Kork wirkt wärme- und schalldämmend, ist elastisch und trägt durch seine Fähigkeit, Feuchtigkeit aufzunehmen und wieder abzugeben zur Regulierung des Raumklimas bei. Verwenden Sie Platten mit naturbelassener Oberfläche, die nach dem Verlegen gewachst oder mit Parkettlack versiegelt werden können. Platten mit einer dünnen Nutzschicht aus PVC sind im Bad nicht so günstig: einmal sind sie als Bodenbelag bei Nässe relativ rutschig, zum anderen kann es zur Ablösung der PVC-Beschichtung kommen.

Die Verlegung von Korkplatten erfolgt in der Regel mit wasserarmem **Dispersionskleber** in einem speziellen Klebeverfahren. Dabei wird der Kleber mit dem Zahnspachtel auf den Untergrund aufgetragen und gleichmäßig durchgekämmt.

Bevor die Platten verlegt werden, läßt man den Kleberauftrag so lange ablüften, bis er sich gerade noch klebrig anfühlt. Dann werden die Korkplatten unter Druck sorgfältig in den Kleber eingebettet.

Mineralgefüllte Acrylplatten

Ein weiteres Material zur Badgestaltung besteht aus sehr fein aufbereiteten Mineralien und hochwertigen Acrylharzen als Binder. Das Resultat ist ein **marmorähnlicher Werkstoff**, der sich warm anfühlt, immun gegen Fleckenbildner ist und auch durch eine versehentlich liegengebliebene Zigarette keinen irreparablen Schaden nimmt. Mit etwas Stahlwolle oder 600er Naßschleifpapier verschwindet die allenfalls zurückbleibende gelbliche Verfärbung sogleich.

Neben uni durchgefärbten Platten gibt es auch solche mit einer durchgehenden Marmorierung, die somit auch sichtbar wird, wenn man Bohrungen einbringt oder z.B. eine Seifenmulde aus einer Platte ausfräst. Das Material eignet sich für Ablagen, Wandverkleidungen und Bodenbeläge. Es läßt sich wie Hartholz bearbeiten und mit einem Spezialkleber nahezu fugenlos kleben. Außer normaler Plattenware gibt es auch Platten mit eingeformten Waschbecken, aus denen sich sehr großzügig wirkende und zugleich pflegeleichte Waschtischanlagen bauen lassen.

Fliesen und Tapeten

Tapetenkombination

Vinyl-Tapete im Gästebad

Keramik und Tapete kombiniert

Sie können aus Plattenware auch **großflächige Paneele** für Wandverkleidungen herstellen, hinter denen eine Vorwandinstallation untergebracht werden kann. Diese Paneele sind bei Bedarf leicht abzunehmen und erlauben eine problemlose Wartung oder Reparatur der Installation. Eine große Platte als Verkleidung der Badewannenfront erspart eine Revisionsöffnung.

Die Verarbeitung dieses Materials erfordert präzises Arbeiten und den Einsatz scharfer, möglichst hartmetallbestückter Bohrer, Fräsen und Sägen. Hieran sollte sich nur der in der Holzbearbeitung bereits geübte Handwerker wagen.

Hartschaumträger für Wannen und Becken

Hartschaum-Wannenträger fliesen

Warm und leise: Wanne im Schaumbett

Das lästige Ummauern von Bade- und Duschwannen kann man sich durch den Einsatz formgeschäumter Träger aus Polystyrol-Hartschaum ersparen, die sich problemlos fliesen lassen.

Sie dämpfen zugleich die Einlaufgeräusche bei Badewannen und das Trommeln bei Duschbecken.

Neuerdings gibt es auch vorgefertigte Hartschaum-Trägerelemente für **Waschtische**. Sie bestehen aus Grundelementen und 3 cm dicken, gewebearmierten Platten, die mit Polyurethankleber zu einer stabilen Kastenkonstruktion verklebt werden. Dabei fixieren Kunststoffnägel die Teile während der Abbindezeit.

Würfel und Schürzen dienen als variable Elemente zur individuellen Gestaltung von Sichtblenden und Ablagen. Der Beckenausschnitt läßt sich sehr einfach mit einer **Stichsäge** einbringen.

Das gleiche System umfaßt auch Elemente zur Verkleidung von Badewannen und auf der Wand liegenden Rohrleitungen (vgl. auch Arbeitsanleitung S. 88).

Armaturen

Für jeden Geschmack und Zweck bietet der Armaturenmarkt eine Fülle von Designs. Auch technisch haben moderne Armaturen viel zu bieten. Wartungsfreie, langlebige **Keramikscheiben** lassen die leidigen Dichtungsprobleme vergangener Tage vergessen.

Profitip

Dem Tropfen von Armaturen, die von drucklosen 5- und 10-Liter-Kleinspeichern gespeist werden, machen neuartige Mischbatterien ein Ende. Sie besitzen ein kleines Reservoir, das die aus dem Speicher austretende Wassermenge auffängt. Bei Betätigung der Armatur saugt eine in die Kaltwasserleitung integrierte Wasserstrahlpumpe diese Kammer leer.

Ob man die richtige Wassertemperatur per **Einhandmischer** einstellen will oder lieber mit zwei Griffen, ist Geschmacksache. Vor Überschwemmungen schützen Wannenarmaturen mit Füllmengenvorwahl, die nach dem Erreichen der eingestellten Menge automatisch den Durchfluß stoppen.

Ökotip

Wählen Sie vorzugsweise Thermostat-Armaturen, die entweder zentral für das ganze Bad oder vor Ort an der Dusche oder Wanne eine präzise Temperaturwahl erlauben. Solche Armaturen gibt es auch zur Kombination mit einem Durchlauferhitzer, falls dieser nicht mit der elektronischen Temperaturvorwahl angeschafft wurde. So läßt sich Wasser und Energie sparen!

Es gibt auch Wannen- und Waschtischarmaturen mit **ausziehbarer Schlauchbrause** zum Duschen oder Haarewaschen. Für die Badewanne gibt es Unter-Putz oder Auf-Putz-Armaturen. Erstere werden in die Wand eingelassen. Dabei sind Betätigungselement und Auslauf voneinander getrennt. Da Armaturen nicht nur eine technische Funktion haben, sondern auch optisch das Bad bestimmen, sollten Sie bei Ihrer Auswahl Stil und Farben von Fliesen und Sanitärkeramik berücksichtigen und auch die Accessoires in dieses Konzept einbeziehen.

Einhandmischer

Neuer Trend: Edelstahl

Auf-Putz-Wannenarmatur

Die wichtigsten Werkzeuge

Auf diesen beiden Seiten finden Sie Kurzbeschreibungen der wesentlichen Werkzeuge, die Sie zum Modernisieren und Integrieren eines Bads benötigen. Welche Werkzeuge Sie für einzelne Arbeitsgänge und Anleitungen brauchen, ersehen Sie aus den Abbildungen unter der Rubrik »Werkzeug«, die Sie bei allen Arbeitsanleitungen finden.

Wichtige Elektrowerkzeuge

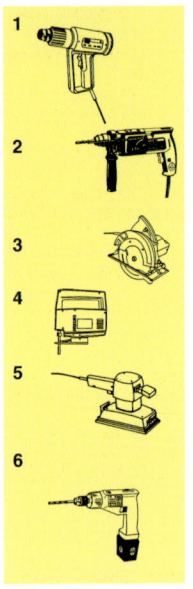

1 Bohrmaschine: Leistung etwa 600 bis 800 Watt, mit elektronischer Drehzahlregelung und Rechts-Links-Lauf. Diese Ausstattung erlaubt werkstoffgerechtes Bohren. Die Schlagbohrvorrichtung erlaubt auch Bohrungen in Stahlbeton.

2 Bohrhammer: Der leichte 2kg-Bohrhammer ist bei Beton unverzichtbar.

3 Handkreissäge: Für alle Holzarbeiten hilfreich.

4 Stichsäge: Wenn es beim Sägen um die Kurve geht, brauchen Sie eine Stichsäge.

5 Schwingschleifer: Im Innenausbau, vor allem mit Holz oder Gipskartonplatten, fallen umfangreiche Schleifarbeiten an. Sie gehen mit einem Schwingschleifer schneller von der Hand. Modelle mit Staubabsaugung halten den Schmutz in Grenzen.

6 Akku-Schrauber: Dieses Werkzeug bewährt sich durch seine Handlichkeit bei der Montage von Gipskartonplatten. Da kein Kabel am Arm zieht und das Gerät relativ leicht ist, sorgt es für ermüdungsfreies Schrauben.

Praktisches Zubehör zu Elektrowerkzeugen

7 Lochsäge: Dieses Zusatzwerkzeug zur Bohrmaschine ermöglicht großkalibrige Bohrungen für Rohrdurchführungen, Steck- und Schalterdosen in Holz und Gipskartonplatten.

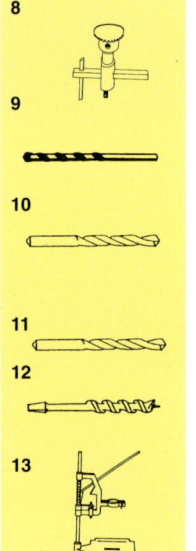

8 Fliesen-Kreisschneider: Die entsprechenden Bohrungen in Fliesen arbeitet der stufenlos verstellbare Kreisschneider mit Schutzglocke aus.

9 Brillantbohrer: Wenn harte und kritische Materialien wie Fliesen das Bohren zum Problem machen, helfen diese auf Schnitt geschliffenen Hartmetallbohrer.

10 Steinbohrer: Sie besitzen eine Hartmetallspitze, die beim Schlagbohren wie ein Meißel wirkt und das Material zertrümmert. Vorzugsweise bei Beton und hartgebrannten Ziegeln einzusetzen.

11 Spiralbohrer: Diese Bohrer dienen zum Bohren von Metallen.

12 Holzbohrer: Er ähnelt dem Spiralbohrer, verfügt aber über eine steilere Spannut sowie eine Zentrierspitze, die verhindert, daß Bohrungen in Holz verlaufen.

13 Bohrständer: Wenn es um Präzision geht, ist der Bohrständer eine gute Bohrhilfe. Er sichert exakt senkrechte Bohrungen und kann auch bei Verwendung des Kreisschneiders eingesetzt werden.

Werkzeuge für die Verarbeitung von Dämmstoffen und Gipskartonplatten

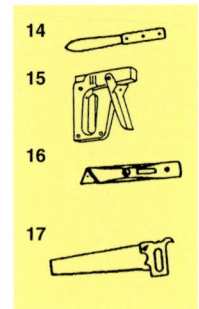

14 Dämmstoffmesser: Dieses Messer besitzt eine bewußt schartige Klinge und dient vornehmlich zum Zuschneiden von Steinwolle.

15 Tacker: Dient zur Befestigung von Dampfsperrfolien.

16 Cuttermesser: Dient zum Anritzen von Gipskartonplatten, die anschließend über eine gerade Kante gebrochen werden.

17 Fuchsschwanz: Dickere Gipskartonplatten werden mit einem Fuchsschwanz zugeschnitten, der auch beim Abhängen von Hölzern für die Unterkonstruktion beim trockenen Ausbau hilfreich ist.

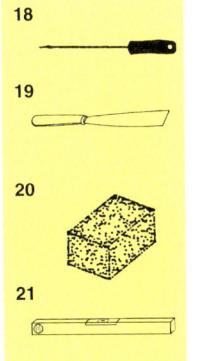

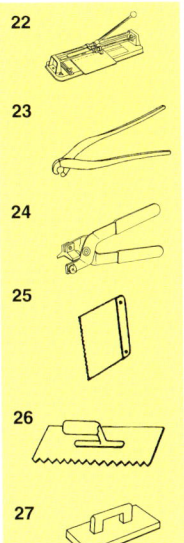

18 **Stichling:** Diese Raspel mit Bohrerspitze erlaubt das Ausarbeiten von beliebig konturierten Durchbrüchen in Holz und Gipskartonplatten.

19 **Stielspachtel:** Dieses Werkzeug dient zum Verspachteln der Stoßfugen und Schraubstellen bei Gipskartonplatten sowie zum Verspachteln von Wandrissen.

20 **Schleifschwamm:** Dient zum Feinschleifen von gespachteltem Gipskarton sowohl bei scharfen Kanten als auch bei Rundungen.

21 **Wasserwaage:** Unverzichtbar bei Errichtung von Ständerwerken und Deckenabhängungen, aber auch beim Markieren von Bohrungen. Große Ausführungen von 1 m Länge erlauben mehr Präzision.

Werkzeuge zum Fliesenlegen

22 **Fliesenschneidmaschine:** Moderne Ausführungen gibt es jetzt auch mit verstellbarem Winkelanschlag. Das Gerät macht sich bei größeren Arbeiten bezahlt.

23 **Papageienschnabel:** Zum Ausarbeiten von Aussparungen und Durchbrüchen in Fliesen. Bei Durchbrüchen zuerst ein größeres Loch zum Ansetzen bohren.

24 **Fliesenbrechzange:** Einfache und weniger genaue Alternative zur Fliesenschneidmaschine. Das Bruchrisiko ist damit größer.

25 **Zahnspachtel:** Zum Aufziehen von Fliesenklebern aller Art. In verschiedenen Zahnungen auch mit austauschbaren Blättern erhältlich. Zahnung entsprechend Verarbeitungsvorschrift des Klebers wählen!

26 **Zahnkelle:** Dient zum Aufziehen wie auch zum Durchkämmen von Kleber bei größeren Flächen; ebenfalls in verschiedenen Zahnungen erhältlich.

27 **Fugenbrett:** Großformatige Holzkelle mit Zellgummiauflage auf der Unterseite; dient zum Verfugen.

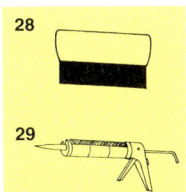

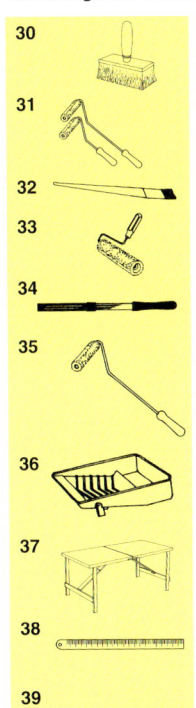

28 **Fugengummi:** Werkzeug zum Einrakeln von Fugenmasse in die Fliesenfugen und zum Abziehen überschüssigen Fugenmörtels. Wird stets diagonal oder kreisbogenförmig geführt.

29 **Auspreßpistole:** Dient zur Verarbeitung von dauerelastischen Fugenmassen und Sanitärfugendichtern in Kartuschen.

Werkzeuge zur Oberflächengestaltung

30 **Deckenbürste:** Quast zum Auftragen von Grundierungen und Tapetenkleister. Bei lösungsmittelhaltigen Grundierungen nur Quaste mit Naturborsten verwenden.

31 **Heizkörperrolle:** Praktisch zum Verstreichen von Dispersionsfarbe an Deckenrändern.

32 **Heizkörperpinsel:** Alternative zur Heizkörperrolle.

33 **Lammfellwalze:** Zum Rollen von Dispersionsfarben an Decken und Wänden.

34 **Teleskopstiel:** Stufenlos längenverstellbarer Stiel zum Aufstecken von Lammfellwalzen.

35 **Schaumstoffwalze:** Sie dient zum Lackieren mit wasserhaltigen Acryllacken und hinterläßt eine Art Orangenhaut-Narbung. Kann auch zum Auftrag von Teppichfixierungen etc. verwendet werden.

36 **Lackierschale:** Flache Kunststoffschale mit schräger, meist gerippter Bodenfläche und tieferem Teil zur Lackaufnahme.

37 **Tapeziertisch:** Zusammenklappbarer Tisch zum Zuschneiden von Tapetenbahnen.

38 **Tapezierschiene:** Lange, flexible Stahlschiene (möglichst rostfrei) dient zum sauberen Kantenbeschnitt von Tapeten.

39 **Schlagschnur:** Mit Kreide oder Pulverfarbe behandelte Schnur zum Markieren von langen, geraden Linien an Wänden, Decken oder auf Bodenflächen.

Badausstattung

Moderne Badmöbel

Freistehende Wanne

Die minimale Grundausstattung eines Bads umfaßt üblicherweise einen **Waschtisch** und eine **Badewanne**. Häufig ist im Bad auch noch das **WC** integriert, das eigentlich zusammen mit einem **Handwaschbecken** in einem separaten Raum seinen Platz haben sollte. Was darüber hinausgeht, wird einmal durch das Raumangebot, zum anderen durch die Anzahl der Benutzer bestimmt.

Die Energie und Wasser sparende Reinigung unter der **Dusche** spricht für eine separate Duschgelegenheit, zumal der Platzbedarf für eine Dusche relativ gering ist. Bereits eine Fläche von 70x70 cm reicht aus. Ist mehr Platz vorhanden, kann man sich auch für eine im Raum stehende Runddusche entscheiden.

Langsam, aber sicher findet das in Frankreich sogar im sozialen Wohnungsbau übliche **Bidet** Eingang in deutsche Bäder. Diese Entwicklung wird auch von Medizinern begrüßt, die einer Intimpflege mit klarem Wasser eindeutigen Vorrang gegenüber Sprays und anderen Kosmetikprodukten geben.

Ein **Urinal** ist unter Hygieneaspekten und auch im Hinblick auf seinen geringen Wasserverbrauch eine gute Lösung. Moderne Urinale für den Einsatz im privaten Bereich beanspruchen nur wenig Platz, sind mit einem Deckel ausgestattet und spülen trotz ihres geringen Wasserverbrauchs von nur zwei Litern so gründlich, daß Geruchsbildung und Ablagerungen vermieden werden.

Neben dem häufig anzutreffenden **Spiegelschrank** gibt es auch andere Badmöbel. Wenn auch immer wieder vom sogenannten »Wohnbad« die Rede ist, so sollte dies nicht dazu verleiten, das Badezimmer im engsten Wortsinn zu möblieren. Dagegen spricht zum einen der ohnehin knappe Raum, zum anderen das ungünstige feuchte Badklima, das sich durch die Verringerung des Luftvolumens noch verschlechtert und zur Lagerung empfindlicher Produkte wie Kosmetika und Textilien ohnehin ungeeignet ist.

Accessoires erlauben es, die einzelnen Badkomponenten harmonisch aufeinander abzustimmen. Beim Einkauf sollten Sie vor allem auf eine solide Ausführung und auf eine zuverlässige Befestigung achten. Unterschätzen Sie nicht die Belastung von Handtuchhaltern und Wannengriffen.

Geräumiges Wohnbad

Die Sanitärausstattung der Bäder orientiert sich auch heute noch wesentlich an der Grundform des abgerundeten Rechtecks. Das moderne Design hat diese Formen durch stärker gerundete Linien vom Kreis bis zur Ellipse bereichert und mit der Diagonalen eine Alternative zur bisher nur den rechten Winkel zulassenden Raumgestaltung ins Spiel gebracht.
Eine neue Lösung zur Nutzung des Raums ist etwa die Eckbadewanne, die bei relativ geringem Platzbedarf komfortabel und geräumig ist.

Eine **Sitzbrausewanne** kann sich in einem sehr kleinen Bad als günstig erweisen. Sie stellt nicht nur für Senioren eine gute Lösung dar, sondern bietet trotz des geringfügig erhöhten Platzbedarfs von etwa 90x120 cm gegenüber einer normalen Dusche mehr Komfort.

Flexible Anschlüsse und raffinierte Technik sind beim höhenverstellbaren **Waschtisch** im Einsatz. An ihm können sich alt und jung gleichermaßen bequem waschen. Selbstverständlich ist die

Montage dieser Mechanik Sache des Sanitärinstallateurs.

Die Schwelle der Dusche ist für manchen schon zur Stolperfalle geworden. Besonders ältere Menschen fühlen sich beim Übersteigen des Duschraums unsicher, insbesondere mit nassen Füßen. In solchen Fällen bietet sich eine praktische **randlose Einbaubrausewanne** an. Ihr Bodenablauf erleichtert nicht nur das Großreinemachen, sondern bietet auch eine gewisse Sicherheit vor Überschwemmungen.

Anordnung der Sanitärgeräte

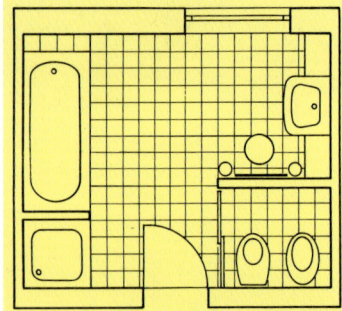

Badlösung auf 10,8 m²

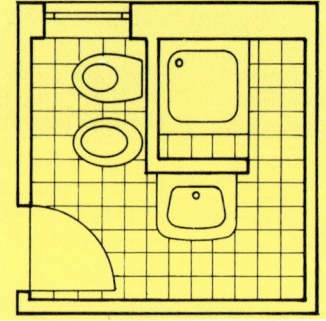

Kompaktbad auf 5,3 m²

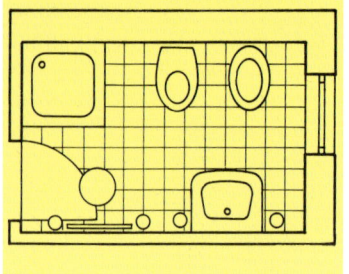

Badlösung auf 10 m²

Bei der Planung des Grundrisses wird die zur Verfügung stehende Fläche in folgende Bereiche gegliedert: Waschplatz, Bade- und Duschzone sowie Intimpflegebereich mit Bidet und WC. Dies kann durch eine **gruppenweise Anordnung** der Sanitärgeräte erfolgen und läßt sich mit angedeuteten oder auch voll ausgeführten **Raumteilerelementen** wie halbhohen Sockeln oder auch den bereits beschriebenen raumhohen Heizkörperelementen ebenso betonen wie durch eine Höhenstaffelung mit **Podesten**. Am Kopf- oder Fußende einer Badewanne schafft etwa ein solcher Sockel eine Badenische.

Eine halbhohe Stichwand im rechten Winkel zu einer der Badezimmerwände kann dazu dienen, Platz für zwei Waschtische zu schaffen. Diese werden gegenüberliegend an der Wand angebracht. Eine über der Trennwand aufgehängte, wasserfest verleimte Sperrholzplatte, die beidseitig mit Spiegeln belegt ist, vollendet den Raumteilereffekt.

Eine andere Möglichkeit, den Grundriß zu gliedern und verschiedene Bereiche im Bad zu schaffen, sind schmale **Säulen** aus Porenbetonsteinen, die ebenfalls gefliest werden und mit in die Fliesenfugen eingeschobenen Glas- oder Edelstahlböden zu einem raumhohen Regal werden können.

Der Intimpflegebereich wird besser durch etwas höher gezogene Trennwände abgegrenzt, auf die Sie Pflanzgefäße mit **Hydrokulturen** stellen können. Wenn es an Tageslicht fehlen sollte, hilft eine Speziallampe, deren Lichtspektrum dem Bedarf der Pflanzen angepaßt ist.

Raumhohe Trennungen lassen sich aus Porenbetonsteinen aufbauen oder in **Trockenbauweise** aus feuchtraumgeeigneten Gipskarton- oder Gipsfaserplatten auf einer Unterkonstruktion aus Holz oder Metallprofilen errichten. So kann man beispielsweise eine separate Toilette einrichten oder die häufig im Bad untergebrachte Kombination aus Waschmaschine und Trockner geschickt verstecken.

Mit Rücksicht auf eine kostengünstige Installation sind Bad und Küche oder auch Bad und

WC meist unmittelbar benach-
bart, da sie durch gemeinsame
Leitungen ver- und entsorgt werden. So ist es möglich, diese
Räume teilweise zu integrieren.

Häufig haben Bad und Küche eine **gemeinsame Längswand**, an
der auf der Badseite die Badewanne installiert ist. An ihrem
Fußende springt die Küchen-
wand vor und trennt den restli-
chen Bereich wannenbreit bis zur
anschließenden Querwand ab.
Auf der Küchenseite wird so der
Raum für eine Speise- oder Be-
senkammer gewonnen. Wird auf
diese verzichtet, läßt sich im Bad
Platz für eine Dusche oder für einen Intimpflegebereich mit Bidet
und WC gewinnen.

Ebenso können Sie mehr Platz im
Bad gewinnen, wenn sich die
Möglichkeit ergibt, in die Ge-
samtmodernisierung ein angren-
zendes separates WC ein-
zubeziehen und durch eine
veränderte Anordnung von WC
und Waschbecken einen Teil des
Raums dem Bad anzugliedern.

In vielen Wohnungen bilden Bad
und WC eine Einheit, was die Installationskosten reduziert und

Kompaktbad in Winkelanordnung

etwa 2 m² mehr nutzbare Wohn-
fläche ergibt. Wenn ein Bad von
Grund auf umgestaltet wird, kann
es unter Umständen gelingen,
unter Nutzung der ehemaligen
Speisekammer, Badbereich und
WC nachträglich zu trennen.
Auch hier bietet der **trockene In-
nenausbau** mit seinen leichten
Wänden gute Voraussetzungen.

Dabei muß allerdings der WC-
Bereich eine wirkungsvolle **Belüftung** erhalten. Planen Sie also
so, daß er über ein Fenster oder
über eine leistungsfähige Be-

und Entlüftung durch einen Ent-
lüftungskanal oder einen Lüf-
tungsschornstein verfügt.

Profitip

Versäumen Sie bei der Planung
nicht, sich in den sehr sorgfältig
gestalteten Ausstellungsräu-
men der Industrie wie auch des
Handels zu informieren. Füh-
rende Hersteller haben ein com-
putergestütztes Beratungssy-
stem entwickelt, das die indivi-
duelle Badplanung sehr erleichtert.

Decke abhängen

Mit einer abgehängten Decke können Sie Heizkosten sparen, und sie bietet mehr Schallschutz. Wegen Verschlechterung der Luft durch die Verringerung des Raumvolumens sollten Sie bei Bädern unter 7 m² Grundfläche mit dem Abhängen der Decke zurückhaltend verfahren.

Die Tragkonstruktion besteht entweder aus verzinkten Metallprofilen oder aus hochkant abgehängten, 6x4 cm Latten aus imprägniertem Holz. Sie werden im Abstand von 80 cm in Längsrichtung des Raums abgehängt. Die Traglattung aus imprägnierten 3x5 cm Leisten wird rechtwinklig zur Grundlattung mit einem Mittenabstand von 42 cm flach auf dieser aufliegend untergeschraubt.

Zur Verankerung der Grundlattung sollten Sie **Metalldübel** verwenden. Gut geeignet sind auch sogenannte **Nagel- oder Einschlaganker** aus Metall, die mit einem nur 8 mm großen Bohrloch auskommen. Beim Einschlaganker beträgt die notwendige Bohrlochtiefe nur 25 mm, so daß Kollisionen mit der Deckenarmierung kaum zu befürchten sind.

Geeignete Nagelanker benötigen nur 6-mm-Montagebohrungen, die jedoch mindestens 50 mm tief sein müssen.

Für Hohldecken empfehlen sich **Kippdübel** aus Metall. Kunststoffdübel sind bauaufsichtlich für die Montage abgehängter Decken nicht zugelassen, weil sie im Brandfall erweichen. Außerdem kann es unter ständig hoher Zugbelastung zu einem Fließen des Materials und schließlich zum Versagen der Befestigung kommen.

Damit eine **Grundlattung aus Holz** keinem Kippmoment ausgesetzt wird, setzen Sie die Dübel im Abstand von maximal 110 cm abwechselnd rechts und links von der Latte.

Am besten reißen Sie dazu die Mittellinie der Latte oder des Profils unter der alten Decke an, markieren darauf die Abstände von etwa 110 cm und messen dann bei einer Holzunterkonstruktion jeweils einmal eine halbe Lattendicke nach links bzw. beim nächsten Bohrloch nach rechts, um den Bohrpunkt für den Dübel zu finden.

1 Wenn die Dübel gesetzt sind, montieren Sie sogenannte **Nonius-Abhänger**. Diese bestehen aus zwei Teilen, von denen eines an der Decke, das andere an der Tragkonstruktion verschraubt wird. Beide sind mit Lochreihen versehen, an denen nach der Justierung die Verbindung erfolgt. Schrauben Sie die Grundlatten entsprechend der Dübelposition mit Holzschrauben an die Nonius-Abhänger und richten Sie sie mit der Wasserwaage aus.

2 Wenn das gesamte Grundtragwerk längs und quer in der Waage ist, können die **Tragprofile** montiert werden. Sie werden flach aufliegend unter die Grundkonstruktion geschraubt. Wenn Sie Leuchten oder Strahler einbauen wollen, müssen Sie jetzt die notwendige Verkabelung installieren. Am besten erledigt das ein Fachmann. Die Kabel werden mit Schellen an der Holzkonstruktion fixiert und mit Überlänge abgeschnitten, damit man beim Anschließen genug Bewegungsspielraum hat.

3 Wenn abgehängte Decken auch Schallschutzaufgaben erfüllen sollen, darf ihre Unterkonstruktion ringsum nicht an den Wänden anstoßen. Als Dämmauflage sollten Sie vorzugsweise Steinwolle verwenden. Drükken Sie diese fest an den Wänden an, so daß eine lückenlose Dämmlage auf der Unterkonstruktion entsteht.

4 Bei **Metallunterkonstruktion** wird die Verankerung mittig gesetzt, da die Abhänger auch mittig in die Profile eingreifen.

4

5 Die Befestigung der Tragprofile erfolgt mit Patentbinder durch **Blindnieten**.

6 Wenn die Unterkonstruktion fertiggestellt und gedämmt ist, verkleiden Sie sie durch untergeschraubte **Gipskartonplatten**. Auch hier sind die Schnellbauschrauben gut zu versenken, damit sie sich überspachteln lassen. Die Gipskartonbeplankung sollte nicht an den Wänden anliegen, sondern einen etwa 2 cm breiten Spalt freilassen. So fällt ein unregelmäßiger Wandverlauf kaum auf. Und nur so kann die abgehängte Decke auch Schallschutzfunktionen erfüllen. Zum Abschluß tapezieren und streichen Sie die neue Decke.

5

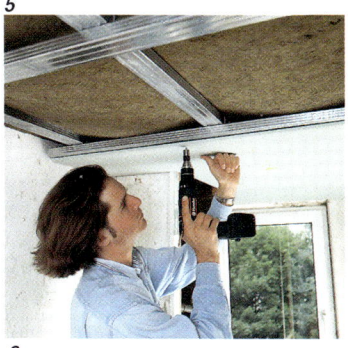

6

Podest bauen

Wer ein Badezimmer von Grund auf neu gestalten möchte oder in einem Raum, in dem bislang kein Bad war, eines einrichten will, stößt zuweilen auf Probleme, wenn es um das nötige **Gefälle** für die Abflußleitungen geht. Gefälle ist bei Abflußrohren unverzichtbar, damit das Wasser richtig abfließen kann, sich kein Rückstau bildet und mit dem Abwasser abgeführte Stoffe sich nicht festsetzen und das Rohr verstopfen können. Wird von der ursprünglichen Anordnung der Sanitärgeräte abgewichen oder müssen die Abflußleitungen einem Fallrohr in einem benachbarten Raum (zum Beispiel WC) zugeführt werden, kann es vorkommen, daß der Höhenunterschied nicht ausreicht, um das nötige Gefälle sicherzustellen. Abhilfe ist möglich, indem man den Boden im Bad partienweise anhebt und ein flaches **Podest** aus leichten Porenbetonsteinen oder aus feuchtigkeitsbeständigen Spanplatten zimmert.

1 Markieren Sie mit Klebeband den Standort der Sanitärgeräte.

2 Um die nötige Stabilität und Steifigkeit der Konstruktion si-

cherzustellen, sollte ein Unterbau aus etwa 40x50 cm großen Spanplattenwaben gewählt werden, die eine 38 mm dicke Spanplatte als Podestboden tragen.

Da der Hohlraum wie ein **Resonanzboden** wirkt, tut man gut daran, die Waben auf **Dämmstoffstreifen** zu lagern und die Hohlräume mit Steinwolle auszufachen.
Sämtliche Leitungen sind in Schellen mit schwingungsdämpfenden Einlagen zu lagern und sollen keinen unmittelbaren Kontakt zur Spanplattenkonstruktion haben, um die Übertragung von Körperschall zu vermeiden.

3 Die Deckplatte wird so zugeschnitten, daß sie nicht fest an den Wänden anliegt, sondern ringsum ein etwa 1 cm breiter Spalt verbleibt. Dieser wird bis auf zwei Drittel seiner Tiefe (etwa 25 mm) mit Dämmstoffstreifen ausgefüllt, bevor die verbliebene Fuge dauerelastisch verfugt wird.

Beim Fliesenlegen ist darauf zu achten, daß eine dauerelastisch auszufüllende Fuge bestehen bleibt, damit sich keine Schallbrücke bildet.

Unebene Wände und Böden ausgleichen

Alte Häuser weisen oft eine sehr solide und gesunde Bausubstanz auf. Allerdings hat der Zahn der Zeit Spuren hinterlassen. Da ist manche Wand nach Rohrverlegungen oder Elektro-Installationen nicht planeben beigeputzt worden.
Wellen und Buckel müssen geglättet und Risse ausgefüllt werden. Der Handel bietet zu diesem Zweck **Spachtelmassen** an, die sich durch eine gute Haftung auszeichnen und in dünnen wie auch in dicken Schichten rißfrei zügig aushärten.

1 Sie werden mit Wasser angesetzt, mit einer Glättkelle von unten nach oben arbeitend aufgezogen und vorgeglättet.

2 Durch lockeres Verreiben mit dem in kreisförmigen Bewegungen geführten, angefeuchteten Schwammbrett wird die Wandfläche dann sauber geglättet. Nach zwei Tagen Wartezeit kann gefliest werden.

3 Geringe Unebenheiten lassen sich mit handelsüblichem **Wandglätter** beiputzen. Dabei kann man sich auch einer großflächigen Edelstahl-Glättkelle bedienen, mit der der Wandglätter von unten nach oben auf die zuvor angerauhte und eventuell tiefgrundierte Wand aufgezogen wird.

Um bei einer großen Wand eine plane Fläche zu erzielen, benutzen Sie am besten eine **Kartätsche** aus Holz oder Aluminium, um damit den frischen Wandglätterauftrag abziehen zu können.

Bei großflächigen Unebenheiten kann man die Wand auch vollflächig mit feuchtigkeitsbeständigen **Gipskarton- oder Gipsfaserplatten** verkleiden. Dies kann durch Ansetzen mit Klebemörtel oder durch Andübeln erfolgen.

Wenn Rohre und Elektroleitungen auf der Wand verlegt sind, können Sie eine bucklige Wand und die gesamte Installation hinter einer vorgezogenen Gipskartonschale verschwinden lassen (vgl. Arbeitsanleitung S. 46).

Direktes Aufschrauben einer Gipskartonplatte ist hilfreich, wenn ein Raum höher als bisher gefliest werden soll. Die Platte schafft einen ansatzlosen Übergang zwischen der bisherigen Fliesenfläche und der darüberlie-

1

2

3

4

6

5

7

Oft hilft nur eine gute Portion Selbstvertrauen und die Bereitschaft, losen Putz vollflächig abzuschlagen und alles wieder beizuputzen oder den Schaden durch eine Verkleidung aus Gipskartonplatten zu beheben.

5 Zuweilen gibt es auch Probleme mit dem Fußboden. Er kann hier und dort ausgetreten sein; gelegentlich ist vielleicht auch schon stellenweise Estrich ausgebrochen. In solchen Fällen helfen **selbstverlaufende Ausgleichsmassen**.

6 Zuvor wird der Boden sorgfältig grundiert.

7 Dann wird die pulverförmige Ausgleichsmasse nach Vorschrift mit Wasser zu einer fließfähigen Masse angemischt, partienweise auf dem Boden ausgegossen und mit der Kelle grob verteilt. Sie verläuft selbsttätig zu einer planebenen Fläche.
Damit sich eine ansatzlose Fläche ergibt, muß der Auftrag Zug um Zug erfolgen, am besten innerhalb eines Zeitraums von 10 bis 15 Minuten. Bereits nach zwei Tagen Durchhärtezeit können Sie dann den planen Estrich fliesen.

genden Putzfläche. Ist der Absatz geringer als die Plattenstärke, muß etwas Putz abgeschlagen werden. Den Übergang müssen Sie mit **Gazestreifen** überbrücken, die im Fliesenkleber eingebettet werden.

4 Wer sich auf Putzarbeiten versteht, kann auch **Streckmetall** auf

die Wand nageln und die Fläche oberhalb des alten Fliesenabschlusses bündig beiputzen.

Mürber Putz findet sich in vielen älteren Häusern. In leichteren Fällen kann Tiefgrundieren den Putz verfestigen und eine brauchbare Basis zum Fliesenkleben liefern.

Fliesen verlegen

Um einen **Verlegeplan** zu erstellen, müssen Sie die einzelnen Wände vermessen und das Ergebnis maßstabsgetreu auf **Millimeterpapier** aufzeichnen. Die Zeichnung, die auch die Position der Sanitärgeräte ausweist, erlaubt es, die Verteilung von Leer- und Dekorfliesen festzulegen. Sie ist deshalb auch für die Bedarfsermittlung hilfreich.

Bei den in der **Hauptblickrichtung** liegenden Wänden planen Sie die Fliesenverteilung am besten von der **Wandmitte** aus. Verschwindet hingegen eine Wandecke weitgehend hinter einem Schrank oder einer Tür, so können Sie an dem im Blickfeld liegenden Wandende eine nahezu ganze Fliese den Abschluß bilden lassen, während am weniger auffälligen Ende der Zuschnitt versteckt wird. Denken Sie daran, daß die Wände nicht immer genau winklig sind, so daß man nicht einfach in einer Ecke mit einer ganzen Fliese anfangen kann. Es empfiehlt sich also das Einmessen der Senkrechten in jeder Raumecke mittels **Lotschlag** oder Wasserwaage und Richtlatte. In der Regel zieht man die größte Abweichung von der

Senkrechten plus einige Millimeter Zugabe vom Nennmaß der Fliesen ab. Von dem am meisten nach innen weisenden Punkt der Querwand ausgehend markieren Sie dann im Abstand dieses Restmaßes eine Lotlinie. So gehen Sie sicher, daß der Belag in der Ecke optisch mit einer nahezu ganzen Fliese ausläuft.

Vermeiden Sie zu schmale **Randzuschnitte**. Sie sehen nicht besonders gut aus und brechen beim Zuschneiden leichter. Sie vermeiden dieses Problem, wenn Sie im Eckbereich mit **Halbformaten** arbeiten. Auch den Belag gliedernde, senkrecht angeordnete Keramikleisten können eine Lösung sein. Wichtig ist, daß bei der Planung die jeweilige Form der **Eckausbildung** und die Fliesendicke bei Innen- und Außenecken entsprechend der Verlegeform berücksichtigt werden.

Wände und Ecken stehen selten wirklich im Winkel, und so sind auch Fußböden nur in Ausnahmefällen in der Waage. Es ist deshalb unerläßlich, mit einer möglichst langen Wasserwaage festzustellen, ob der Badfußboden Gefälle aufweist.

Störendes Gefälle können Sie mit selbstverlaufenden Ausgleichsmassen beheben. Geringfügige Abweichungen kann man notfalls hinnehmen, muß sie allerdings beim Verlegen der Wandfliesen berücksichtigen. Dies geschieht, indem Sie die Differenz zwischen tiefster und höchster Stelle des Fußbodens im Bereich der Wandanschlüsse ermitteln. Dieses Maß plus 5 mm Zumaß wird vom Nennmaß der Fliesen abgezogen und bestimmt die Position der Anlegelinie der vorletzten Fliesenreihe über dem Fußboden. Der verbleibende Streifen wird zum Schluß mit entsprechenden Zuschnitten gefliest.

Fliesen mit **Effektglasuren** zeigen auf den Fliesenkanten deutliche Farbabweichungen. Die Außenecken eines Raums können so zum Problem werden. Dem können Sie begegnen, indem Sie die Ecken so ausbilden, daß die farblich abweichenden Stirnkanten nicht in der Hauptblickrichtung liegen.

1 Eine elegante, aber aufwendige Lösung sind sogenannte **Jollies**. Dabei sind die Fliesen an

der Problemkante auf Gehrung geschnitten.

Jollies werden naß mit einer **Diamantsäge** geschnitten, wozu sich der Heimwerker in aller Regel an den Fachmann wenden muß.

2 Wenn die Fugen der Wand mit denen der Bodenfliesen zur Deckung gebracht werden, nennt

man dies **durchlaufenden Fugenschnitt**. Das setzt allerdings eine sehr sorgfältige Verlegung voraus.

Entsprechend dem Verlegeplan vermessen und markieren Sie dann zunächst die Unterkante der vorletzten Fliesenreihe.

3 Fällen Sie im Bereich der Wandmitte das Lot dort auf die Grundlinie, wo die Seitenkante einer senkrechten Fliesenreihe verläuft. So ergibt sich ein auf dem Kopf stehendes »T«. Seine Grundlinie können Sie mit einer straff gespannten Gummischnur markieren, während die Vertikale von einem an einem Nagel befestigten Lot gebildet wird.

Jetzt können Sie den Fliesenkleber auf die Wand auftragen. Dies

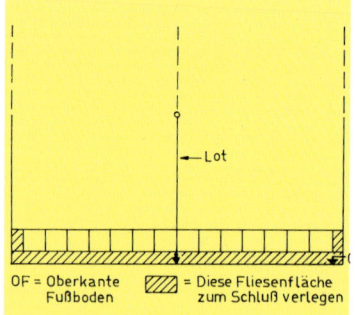

tun Sie in Form eines horizontalen Streifens oberhalb der von der Gummischnur markierten Grundlinie zunächst nur in der Breite von zwei Fliesen. Um eine gleichmäßige Kleberverteilung sicherzustellen, kämmen Sie die Kleberschicht mit der **Zahnspachtel** gründlich durch. Dann setzen Sie die Fliesen ins frische Klebebett an und schieben sie ein.

Zuerst wird die untere Fliesenreihe wandbreit angesetzt. Für einen gleichmäßigen Fugenabstand sorgen **Fliesenlegerkreuze** aus Kunststoff. Die notwendige Fugenbreite ergibt sich aus der Differenz zwischen Nennmaß der Fliesen und ihrer tatsächlichen Kantenlänge. Weist eine 20x20 cm große Fliese eine Kantenlänge von 19,7 cm auf, so sind 3 mm große Fugenkreuze richtig.

Wenn die Grundreihe verlegt ist, fliesen Sie entsprechend dem Lotanschlag eine senkrechte Reihe nach oben. Dann kleben Sie, von dieser nach rechts und links ausgehend, die nächste Reihe, die an die Oberkante der untersten Reihe anschließt.

Die Fläche bauen Sie dann von der Mitte zu den Seiten hin pyramidenförmig auf. Die Randzuschnitte wie auch die individuell anzupassenden Fliesen der untersten Reihe werden ganz zum Schluß eingepaßt. Dies gilt auch für Fliesen, die mit Ausnehmungen für Rohrdurchführungen versehen werden müssen. Wichtig ist, daß die entsprechenden Flächen auch frei von Kleber bleiben. Nach diesem Muster werden zunächst alle Wände rundum gefliest.

4 Ein Tag nach Fertigstellung der Verklebung kann verfugt werden. Das Fugenmaterial mischen Sie nach Herstellervorschrift mit Wasser an und lassen es ungefähr 5 Minuten reifen, bevor Sie es mit dem Fugengummi in bogenförmigen Wischbewegungen in die Fliesenfugen einrakeln. Überschüssiges Fugenmaterial tragen Sie diagonal wischend ab.

5 Wenn die Verfugung matt anzutrocknen beginnt, kann die Fliesenoberfläche mit einem nicht allzu nassen Schwamm gereinigt werden. Reiben Sie nach dem Erhärten mit einem sauberen und trockenen Tuch nach.

Eck- und Bewegungsfugen müssen Sie immer dauerelastisch verfugen. Die Verfugung wird mit einer auf die Fugenfarbe abgestimmten Fugendichtungsmasse ausgeführt. Dabei ist es wichtig, daß diese Anschlußfuge frei von Fugenmörtel ist und als echte Bewegungsfuge ausgeführt ist. Das heißt, es muß zwischen den aneinander stoßenden Fliesen ein Fugenspalt ausreichender Breite bestehen, damit etwaige Bewegungen durch die Elastizität des Sanitärfugendichters aufgefangen werden können.
Im Rahmen dieses Buches konnte hier verständlicherweise nur eine Kurzanleitung zum Thema Fliesenlegen vermittelt werden. Wenn Sie mehr wissen möchten, finden Sie im Compact-Band »Selbst Fliesen und Platten verlegen« eine ausführliche Anleitung mit allen Tips und Kniffen.

Profitip
Damit Dehnungs- und Anschlußfugen für die spätere dauerelastische Verfugung offen bleiben, werden sie vor dem Verfugen der Fläche am besten mit Schaumstoffstreifen ausgefüllt.

4

5

Untergründe

Erfolgreiches Fliesenverlegen ist heute, dank moderner Dünnbett-technik und spezieller Kleber kein Problem. Wichtig ist nur, daß Sie die Besonderheiten des jeweiligen Untergrunds beachten und entsprechend dazu auch ihre richtige Kleberwahl für den jeweiligen Untergrund treffen.

Um eine sichere Verankerung zu erzielen, muß jeder Untergrund trocken, sauber, fettfrei und tragfähig sein. Bei **Feuchtigkeit** im Untergrund ist auf jeden Fall die Ursache zu beheben. Dies nicht nur, um den Fliesen die nötige Verankerungsbasis zu bieten, sondern vor allem, um Folgeschäden auszuschließen.

Fliesen auf Putz

Putz stellt einen relativ unproblematischen Untergrund dar. Unebenheiten sind auf jeden Fall vor Beginn der Verlegearbeiten beizuspachteln, da sie das Erscheinungsbild des Fliesenbelags sehr beeinträchtigen.

1 Tapeten und nicht absolut sicher haftende Anstriche sowie mürbe Bereiche und Oberflächen sind auf jeden Fall zu entfernen.

Ökotip
Verwenden Sie lösungsmittelfreie Tiefgründe. So schützen Sie nicht nur Ihre Gesundheit, sondern auch die Umwelt.

Fliesen auf Gipskarton- und Gipsfaserplatten
Diese Materialien bieten dank ihrer planebenen, gleichmäßigen Oberfläche ideale Voraussetzungen für eine einwandfreie Fliesenverlegung. Es können sowohl Dispersionskleber als auch mit Wasser anzumischende Klebemörtel eingesetzt werden.

2 Da die Leichtbauweise gewisse Bewegungen nicht vollends ausschließen kann, sind alle Eck- und Anschlußfugen sowie Rohraustritte dauerelastisch zu verfugen.

Fliesenflächen im Naßbereich
Besondere Vorkehrungen sollten Sie allerdings immer dann treffen, wenn Gipskarton- oder Gipsfaserplatten-Flächen später intensivem Wasserkontakt ausgesetzt sind.
Sorgen Sie hier für eine zuverlässige Abdichtung zwischen Fliesen und Gipsuntergrund

durch eine flüssige Dichtfolie, spezielle Dispersionskleber oder vergütete Pulverkleber.

3–4 Zuerst ziehen Sie mit einer Glättkelle eine in der Regel etwa 1 bis 2 mm dicke Dichtschicht auf und versehen diese in allen Eckbereichen mit einem **Dichtungsband**. Nach dem Abbinden wird das gleiche Material mit einer Zahnkelle auf die erste Schicht aufgezogen, worauf die Fliesen verlegt werden.

Fliesen auf Spanplatten
Da Spanplatte und keramische Fliesen Baustoffe mit unterschiedlichen physikalischen Eigenschaften sind, ist dies bei der Kleberwahl zu berücksichtigen. Es sollte auf jeden Fall ein flexibler Kleber eingesetzt werden. Geeignet sind zum Beispiel durch Zusatz von Kunststoffdispersion flexibel eingestellte Pulverkleber.

5 In beiden Fällen empfiehlt sich eine Vorbehandlung der Spanplattenflächen mit einem **Haftgrund**. Wenn dieser durchgetrocknet ist, kann Kleber aufgezogen und gefliest werden. Generell sollte man bei einem Untergrund aus Spanplatten für eine **Feuchtigkeitssperre** zwischen Fliesen und Spanplatten sorgen.

6 Dies kann zum Beispiel durch eine 2 mm dicke Dichtschicht aus kunststoffvergütetem Pulverkleber und in die Ecken eingearbeitete Dichtbänder erfolgen. Diese Schicht muß aushärten, bevor Sie erneut Fliesenkleber aufziehen können, um die Fliesen zu verlegen.

1

Eine zweite Möglichkeit bietet der Einsatz einer sogenannten flüssigen **Dichtfolie** auf **Bitumen-Kautschuk-Basis**. Sie wird vollflächig satt aufgerollt und in den besonders rißgefährdeten Ecken durch eingearbeitete **Gazestreifen** armiert.

2

3

4

Um dort, wo Spanplatten mit anderen Untergründen zusammentreffen, einer späteren Rißbildung vorzubeugen, sollte die kritische Anschlußfuge ebenfalls mit einem Gazestreifen überbrückt werden. Außerdem ist es sinnvoll, in diesem Bereich nach Möglichkeit eine dauerelastische Dehnungsfuge anzulegen. Diese muß sich im Fliesenbelag fortsetzen. Damit die Fugenmasse ihre Elastizität voll ausspielen kann, darf sie nur an den Fliesenkanten, nicht aber am Fugenboden haften. Dazu kleben Sie am besten einen schmalen, Kreppbandstreifen auf den Untergrund.

Fliesen auf Hartschaum

Formgeschäumte Blöcke aus Polystyrol-Hartschaum können direkt mit Pulver- oder Dispersionskleber gefliest werden. Selbstverständlich sind alle Anschlußfugen dauerelastisch zu verfugen.

Fliesen auf Fliesen

Wichtig für eine sichere Verankerung der neuen Fliesen ist ein sauberer Untergrund.

5

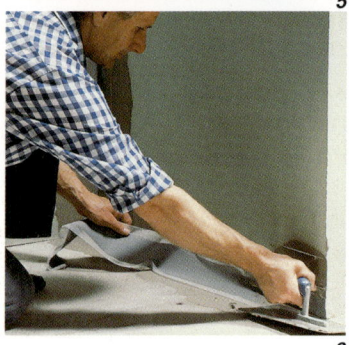

6

7

8

8 Soll das Bad höher gefliest werden, als der bisherige Belag reicht, müssen Sie die Wand oberhalb der Altfliesen ausfüttern. Dies kann beispielsweise durch Aufnageln von Streckmetall und anschließendes Beiputzen geschehen.

Die unvermeidliche **Stoßfuge** überbrückt man am besten durch einen in Fliesenkleber eingebetteten Gaze- oder Glasfaserstreifen.

Fliesen auf freigelegtem Dickbett

Wird ein alter Belag abgeschlagen, trennen sich die Altfliesen in der Regel vollflächig vom relativ intakt bleibenden Dickbettmörtel. Das freigelegte Dickbett wird nach Ausfüllen der Hohlräume mit einer Glättkelle und Wandglätter abgezogen.

Aus diesem Grund sollten die Altfliesen vor dem Kleberauftrag mit einem fettlösenden **Haushaltsreiniger** abgewaschen werden. Vorteilhaft ist auch ein Anpicken der Glasur der Altfliesen mit einem Fliesenhammer.

Mit Hammer und Meißel muß man allenfalls dort aktiv werden, wo der Altfliesenbelag starke Unebenheiten zeigt. Überstände müssen abgemeißelt und etwaige Löcher beigeputzt werden.

7 Zum hier gezeigten Fliesen-auf-Fliesen-Kleben eignen sich sowohl Dispersionskleber als auch mit Wasser anzusetzende, elastifizierte Pulverkleber.

Nach dem Trocknen kann der neue Fliesenbelag auf dem so erzielten Planum in der Dünnbetttechnik mit Dispersionskleber verlegt werden.

Fliesen auf Holzdielen

Es ist nicht notwendig, den Holzdielenboden, sofern er noch tragfähig und weitgehend intakt ist, mit einer dicken Spanplatte abzudecken. Die moderne Verlegetechnik erlaubt es, Holzböden praktisch direkt zu fliesen.

Dabei sollten Sie lediglich vor Beginn der Verlegearbeiten lose Dielenbretter nachnageln oder besser noch mit Schrauben auf den Lagerhölzern fixieren und Ritzen im Boden ausspachteln.

Um eine dauerhafte Verankerung des Fliesenbelags sicherzustellen, muß der Dielenboden zunächst mit einer fettlösenden Lauge gereinigt werden. Lose Farbe wird mit einem Spachtel abgestoßen.
Wenn der Boden gründlich getrocknet ist, wird ringsum am Wandanschluß ein Hartschaumstreifen angebracht.

9 Danach müssen Sie den Holzboden mit einer speziellen **Grundierung** behandeln. Diese tragen Sie mit einer Deckenbürste gleichmäßig auf.

10 Nach dem Trocknen bedecken Sie die gesamte Bodenfläche mit einem **Armierungsgewebe**, wobei die einzelnen Bahnen etwa 5 cm breit überlap-

pen und mit Tackerklammern auf dem Holzboden fixiert werden.

11 Auf diese Armierungslage gießt man nun die mit Wasser fließfähig angesetzte **Ausgleichsschicht**. Die selbstverlaufend eingestellte Masse gleicht Unebenheiten von 1-20 mm ohne Risiko der Rißbildung aus. Ihr Verlauf wird durch Verteilen mit einem Stahlglätter unterstützt. In mehreren Ansätzen gießen Sie so den ganzen Raum zügig aus, wobei die Masse immer mit dem Stahlglätter vorverteilt werden sollte.

Profitip
Wichtig ist, daß naß in naß gearbeitet wird, damit eine einheitliche, spannungsfrei aushärtende Fläche entsteht. Deshalb sollten Sie zu zweit arbeiten, so daß Ihr Helfer immer einen neuen Ansatz vorbereiten kann, während der vorherige ausgebracht und verteilt wird.

Die Ausgleichsschicht schafft einen planebenen Verlegegrund, der nach vier bis sechs Stunden begehbar ist und nach zwölf Stunden bereits gefliest werden kann.

9

10

11

Montagen an Problemwänden

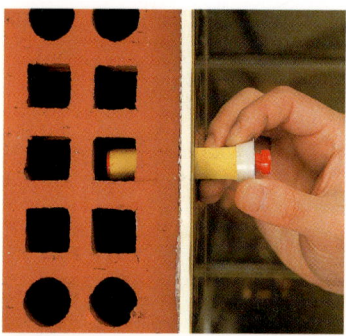

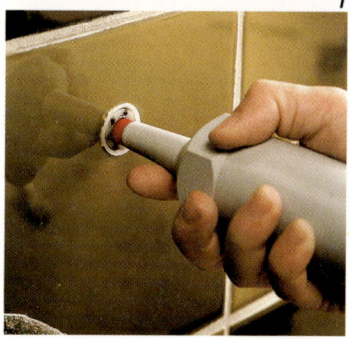

Ziegeln, die beim Bohren bröckeln und ausbrechen, können Sie es mit besonders langen oder dicken **Spreizdübeln** versuchen, um die Belastung großflächig zu verteilen.

Eine andere Lösung bieten **Injektionsanker**. Dies sind Spezialdübel für Baustoffe geringerer Druckfestigkeit oder mit Hohlräumen. Sie bestehen aus einer Dübelhülse, die von einem elastischen Schlauchgewirk umhüllt ist.

1 Mit einer speziellen Bohrausstattung wird der Problembaustoff **konisch ausgebohrt**. In das sich zum Wandinneren hin erweiternde Bohrloch wird nun der Injektionsanker eingeführt.

2 Ein **Spezialmörtel**, der durch den Dübelhals eingepreßt wird, bläht nun die Umhüllung des Dübelschafts auf und füllt die konische Bohrung aus.

3 Damit wird die auftretende Belastung großflächig aufgefangen und selbst in weniger druckfesten Baustoffen wie Porenbeton eine relativ **hoch belastbare Verankerung** erzielt.

Schwierigkeiten beim Bohren können nicht nur in der Festigkeit des Mauerwerks begründet sein. Vielleicht stoßen Sie ja auch auf Metall – einen Träger, ein Moniereisen oder gar auf eine Wasser- oder Gasleitung. Ein **Metallsuchgerät** kann solche Probleme weitgehend ausschließen. In Häusern, die unmittelbar nach

dem Krieg wiederaufgebaut oder renoviert wurden, kann man übrigens nicht unbedingt auf Installationen nach den klassischen Regeln bauen. Hier kann unter dem Putz auch eine **diagonal verlegte Leitung** verborgen sein. Bei der Altbausanierung können Sie auch auf die verschiedensten Untergründe stoßen. Bei mürben

4 Für Montagen an Gips- und Porenbetonwänden gibt es Dübel mit großflächig in Form einer steilen Spirale gewundenen **Flügeln**. Sie werden auf eine ihren Kerndurchmesser entsprechende Bohrung gesetzt und mit einigen leichten Hammerschlägen bündig eingetrieben. Die Flügelflächen verteilen die Last großflächig auf das Verankerungsmaterial und bieten so eine recht hohe Tragfestigkeit.
Für Loch- und Gitterziegel und Wandbaustoffe mit einer Vielzahl hintereinander gestaffelter Hohlräume findet der Heimwerker besonders lange Spreizdübel mit einer sehr langen Spreizzone.

5 Bei Trennwänden oder Vorsatzschalen aus Gipskarton- oder Gipsfaserplatten können Sie **Hohlraum-, Klipp- oder Federklappdübel** für leichte bis mittlere Belastungen verwenden. Bei höheren Lasten kommen Sie ohne großflächig lastverteilende Einlagen nicht aus. Sie müssen beim Wandaufbau gleich eingeplant werden. Bei **Vorsatzschalen** helfen extra lange Dübel, die eine **Verankerung im hinteren Mauerwerk** zulassen. Dabei ist allerdings eine druckfeste Ab-

stützung des Montagegegenstands im Hohlraum Bedingung.

6 Zur **Sanitärbefestigung** bietet der Handel spezielle Dübel und Schrauben mit elastischen Beilagen und Muttern zum Schutz der Keramik an. Für die Befestigung von Stand-WCs und Bidets gibt es ebenfalls Spezialdübel mit passenden Schrauben und Kunststoffkappen, die Sie einfach auf den Dübelhals klippsen können.

Beim **Durchbohren von Fliesen** besteht die Gefahr, daß die Fliese durch zuviel Druck oder Verkanten des Bohrers zerspringt.

7 Wer das Risiko möglichst klein halten will, sollte einen auf Schnitt geschliffenen **Hartmetallbohrer** verwenden. Er wird zum Durchbohren der Fliesen im Drehgang eingesetzt. Erst wenn die Fliese durchbohrt ist, wird auf Schlagbohren umgeschaltet.

Profitip
Vor einem Verlaufen des Bohrlochs schützt kreuzweise auf die Fliesen geklebtes Kreppband.

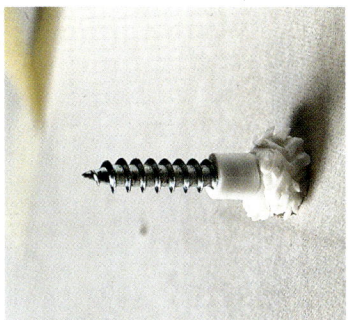

5

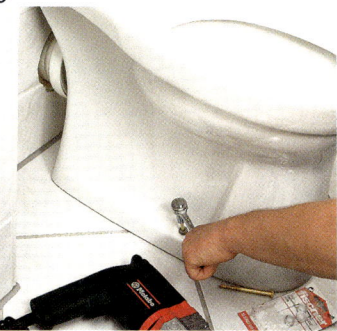

6

7

Kompaktbad mit Vorwandinstallation

Material
Dämmkeile, Folie, Dachlatten, Rahmenhölzer 6x4 cm, Ständerhölzer 6x6 cm, Porenbetonsteine, Anschlußdichtung, Gipskartonplatten, Steinwollplatten, Stopfwolle, SPAX-Schrauben, Kleber, Fugenmasse, Dispersionslack, Tiefgrund, Fliesen, Stahlinnentür, Ständerwerkszarge.

Werkzeug

Schwierigkeitsgrad

Kraftaufwand

Arbeitszeit
Für diese Montage müssen Sie zwischen 100 und 120 Stunden veranschlagen.

Ersparnis
Sie können durch Eigenleistung etwa 7000 bis 8500 DM sparen.

Wohnen unterm Dach erfreut sich in letzter Zeit besonders bei jungen Leuten großer Beliebtheit. Die Schräge bringt viel Gemütlichkeit und Atmosphäre, aber auch Probleme mit sich. Vor allem, wenn es ums Bad geht.

Dennoch muß nicht gleich auf ein vernünftiges Bad verzichtet werden, denn bei durchdachter Planung und nicht zu flacher Dachneigung läßt sich ein kompaktes Bad mit Dusche, Waschtisch und Toilette durchaus auf einer minimalen Grundfläche von 3,5x1,0 m vor einer Giebelwand errichten.
Auch hier ist die vom Fachmann auf der Giebelwand verlegte kostengünstige Vorwandinstallation wieder hilfreich.

1 Die dafür vorgesehene Dusche im Format 100x100 cm baut man im höchsten Teil dieses schmalen Raums auf. 30 cm von ihrer Vorderkante entfernt können Sie dann an der Giebelwand den Waschtisch plazieren. Er liegt genau gegenüber der nach außen aufgehenden Tür, so daß deren Laibung als zusätzlicher Bewegungsraum zur Verfügung steht. Im weiteren Abstand von

30 cm ist ein wandhängendes WC an der Giebelwand installiert. Die hier erforderliche Stehhöhe wird durch das Dachfenster gewonnen, das zugleich für die nötige Lüftung sorgt.

2 Der Einbau eines Bads unterm Dach erfordert hinsichtlich **Dämmung und Dampfsperre** besondere Sorgfalt. Hier ist die Dachschräge mit 150 mm dicken Keilen aus Steinwolle gedämmt. Durch die dreieckige Form können diese Dämmkeile lückenlos zwischen die Dachsparren gepreßt werden. So sind Wärmebrücken vermeidbar. Zwischen Dämmschicht und Unterspannfolie des Dachs muß übrigens unbedingt ein etwa 2 bis 3 cm breiter Lüftungsspalt verbleiben.

3 Wenn die gesamte Dachschräge gedämmt ist, tackern Sie eine starke Alufolie als Dampfsperre auf die Sparren.

4 Die großzügig überlappenden Bahnenstöße bedürfen einer zusätzlichen Abdichtung. Diese wird durch Überkleben des Stoßes mit **selbstklebendem Aluband** erreicht. So kann kein Wasserdampf aus dem Raum in

1

2

3

4

die Dämmung eindringen, um dort wieder zu kondensieren.

5 Auf den Sparren können Sie nun im Mittenabstand von 42 cm die **Unterlattung** aus flach aufgeschraubten 3x5 cm-Dachlatten montieren.

6 Quer dazu ist anschließend die **Gipskartonverkleidung** anzuschrauben.

Die Verrohrung des kompakten Giebelbads verschwindet dann hinter einer selbstgebauten **Vorsatzschale**, die bei einer so grundlegenden Badrenovierung die praktischste und kostengünstigste Lösung ist.

Sie ermöglicht dem Heimwerker eine relativ hohe Eigenbeteiligung. Dies gilt insbesondere dort, wo ein vor der Installationswand freistehendes **Ständerwerk** errichtet werden soll.

Hierzu kann man die Sanitärteile entweder in bodenstehender Ausführung wählen oder sie mit einer entsprechenden druckfesten Hinterfütterung am massiven Mauerwerk der Installationswand verankern.

Sicherheitstip

Die Sanitärinstallation sollte auf jeden Fall dem Fachmann überlassen werden, um damit spätere unangenehme Überraschungen auszuschließen. Wenn alle Rohre verlegt und mit Schellen fixiert sind, kann der Heimwerker aktiv werden.

Zuerst gilt es, den **Verlauf** der Vorsatzschale genau einzumessen. Wenn die Installationswand, vor der Sie die Vorsatzschale errichten wollen, gerade ist, was leicht mit einer **Wasserwaage** überprüft werden kann, ist das Anzeichnen der Anschlaglinien für das Rahmenwerk der Vorsatzschale ein Kinderspiel.

In einem Abstand von etwa 1 cm vor der am weitesten vorstehenden Rohrleitung markieren Sie die Vorderkante der zuerst anzubringenden Rahmenhölzer, also des umlaufenden Rahmens der Unterkonstruktion, mit Bleistift auf dem Boden, an den Wänden und an der Decke.

Falls die Installationswand gegenüber den anderen Seitenwänden aus dem Winkel läuft

5

6

7

8

und Sie dies korrigieren möchten, legen Sie eine rechtwinklig geschnittene Platte in die schiefe Raumecke und ermitteln exakt in der Ecke den Abstand zwischen Anschlagkante und Rückwand. Dieses Maß muß auf dieser Seite dem mit 1 cm Zumaß ermittelten Abstandsmaß zugeschlagen werden. Von der so erhaltenen Abstandsmarkierung wird nun mit einem Schnurschlag zur anderen Raumecke die Anschlagkante der Rahmenhölzer auf dem Boden markiert.

Die entsprechende **Deckenmarkierung** läßt sich durch Lotung von der Decke auf diesen Punkt festlegen. Die Verbindung der Endpunkte von Decken- und Bodenmarkierung ergibt den Verlauf von den Seitenwänden, der mit der Wasserwaage überprüft werden sollte.

Dieses Verfahren führt auch dann zum Ziel, wenn die Installationswand uneben ist und senkrecht oder waagerecht oder gar in beiden Richtungen aus dem Winkel läuft. In diesen Fällen muß beim Einmessen der Position der Rahmenhölzer auf jeden Fall sichergestellt werden, daß ein

Abstand von 1 cm zwischen Installationsanlage und Vorderkante der Hölzer eingeplant ist.

7 Wenn der Verlauf der Rahmenhölzer rundum markiert ist, wird zunächst im Auflagebereich der Hölzer eine selbstklebende **Anschlußdichtung** aus Filz auf den Boden, die Wände und Decke geklebt. Diese hat die Aufgabe, einen dichten Anschluß zu schaffen und zugleich die Schalldämmung zu verbessern.

8 Im nächsten Arbeitsgang werden nun die imprägnierten, 6x4 cm-Rahmenhölzer zugeschnitten und im Abstand von etwa 80 cm mittig mit einem 8 mm-Bohrer durchbohrt. Diese Bohrungen dienen anschließend als Lehre für die Bohrungen im Boden, an den Wänden und an der Decke.

9–10 Zur Verankerung am Fußboden dienen praktische **Nageldübel** (N8x80). Bei der Montage werden diese zunächst durch die vorgebohrten Rahmenhölzer gesteckt und mit einigen leichten Hammerschlägen bündig eingetrieben. Anschließend stecken Sie die Nagelschrauben ein und schlagen sie bündig ein.

An den Wänden und an der Decke sind je nach Baustoff normale Rahmendübel oder Spezialdübel für den betreffenden Baustoff zu verwenden.

11 In dieses Rahmenwerk setzen Sie nun 6x6 cm große Ständer-Hölzer im Mittenabstand von 60 cm und verschrauben sie mit langen, schräg einzuziehenden Schrauben mit den Rahmenhölzern an Boden und Decke.

Da eine Vorsatzschale nicht ausreichend biegesteif ist, um sehr schwere Wandlasten wie einen großen Waschtisch zu tragen, muß zur Montage eine entsprechende Verankerungsbasis geschaffen werden. Sie können vom Installateur ein entsprechendes **Traggerüst** einbauen lassen.

9

11

10

12

Den nötigen Halt können Sie aber auch durch einen massiven **Querriegel** erhalten, der im Montagebereich einfach zwischen die Ständerhölzer geschraubt wird.

12 Bei größeren Lasten kann es sich jedoch empfehlen, diese direkt am Mauerwerk der Installationswand zu verankern und hierzu den Hohlraum zwischen Montagewand und Vorsatzschale durch eine dicke **Holzbeilage** auszufüllen. Dies gelingt auf einfache Weise, indem Sie die Beilage aus zwei dicken Bohlen herstellen. Die erste wird, versehen mit vier nach vorn weisenden, langen Schloßschrauben, zuerst gegen die Wand gedübelt, bevor die mit entsprechenden Bohrungen versehene zweite Bohle unter Leimangabe über die vier Stehbolzen geschoben und mit in tiefen Ansenkungen verschwindenden Muttern festgeschraubt wird. Diese massive Holzunterlage bietet auch schweren Befestigungsgegenständen Halt.

13

14

13 Schallschutz und Wärmedämmung sollten beim Bau einer Vorsatzschale auf keinen Fall außer acht gelassen werden. Zur Vermeidung von Schwitzwasserproblemen sind die Kaltwasserleitungen mit **Dämmschalen** zu ummanteln. Das Material gibt es für gängige Rohrdurchmesser passend als Meterware. Es wird wie eine **Manschette** ums Rohr gelegt.

Zur kombinierten Schall- und Wärmedämmung empfiehlt sich das Ausfachen des Ständerwerks mit **Steinwolle**, wobei die großflächigen Hohlräume mit Plattenware, die Installationsbereiche mit Stopfwolle ausgefüllt werden.

14 Wenn die Installationswand eine Außenwand ist, muß vor dem Beplanken des Ständerwerks eine vollflächige **Dampfsperre** angebracht werden. Sehr gut eignet sich eine starke Alufolie, die Sie im Stoßbereich großzügig überlappend verlegen sollten. Die Bahnen werden mit Tackerklammern auf dem Ständerwerk und auf dem Rahmen befestigt.

Um die nötige Stabilität und auch einen ausreichenden Schall-schutz zu erreichen, sollten Sie die Vorsatzschalen entweder zweilagig beplanken oder eine Verkleidung aus 20 mm dicken Gipskartonplatten aufschrauben. Diese müssen mit **Durchtrittsöffnungen** für die Installation versehen werden. Sie sollten einen Durchmesser aufweisen, der 2 cm größer ist als der Außendurchmesser der Rohraustritte. Auf diese Weise ergibt sich ein 1 cm breiter **Ringspalt**, der später dauerelastisch ausgespritzt wird.

Profitip
Dampfsperren lassen sich am besten mit einem Elektroniktacker befestigen. Er läßt sich so einstellen, daß die Tackerklammern nicht durchschlagen.

15 Beim Ausschneiden der großkalibrigen Rohraustritte ist eine Stichsäge oder eine Lochsäge hilfreich.

Um ein sauberes Verspachteln der Plattenstöße auch an den Kopfkanten und Schnittkanten sicherzustellen, werden die Platten hier mit einer Raspel oder mit einem Schwingschleifer angeschrägt.

Die vorbereiteten Platten können nun mit entsprechend langen Schnellbauschrauben auf der Unterkonstruktion montiert werden. Dabei spart ein Akkuschrauber Kraft und Zeit. Ein automatisch auskuppelnder Schraubkopf oder ein Schrauber mit Tiefenanschlag stellen dabei ein ausreichend tiefes und gleichmäßiges Versenken der Schrauben sicher.

16 Am Boden bleibt zwischen Plattenunterkante und Fußboden zunächst ein **Spalt** von 1 cm Breite, der bei der Montage der untersten Platte durch entsprechende **Unterleghölzer** sichergestellt wird. Diesen spritzt man nach Verschrauben der Vorsatzschale dauerelastisch mit Sanitärfugendichter aus. So kann bei einer eventuellen Überschwemmung kein Wasser in die Gipskartonplatten aufsteigen oder gar hinter die Vorsatzschale dringen.

17 Wenn die dauerelastischen Versiegelungen zumindest oberflächlich vulkanisiert sind, können Sie die gesamte Vorsatzschale **tiefgrundieren**. Danach kann verfliest werden. Berücksichtigen Sie dabei die Aus-

sparungen für die Rohranschlüsse und für die Verankerungsschrauben zur Montage der Sanitärkeramik.

Beim Verfliesen sollte man alle mit Bohrungen oder Aussparungen zu versehenden Fliesen ganz zum Schluß verlegen. Aussparungen im Randbereich werden mit dem **Papageienschnabel** ausgearbeitet. Dabei sollten Sie nicht die Geduld verlieren; brechen Sie immer nur kleine Stücke aus der Fliese aus. Damit verringern Sie das Risiko, daß die Fliese möglicherweise zerspringt. Großkalibrige mittige Bohrungen für Rohraustritte wie auch für Schalter- und Steckdosen arbeiten Sie am besten mit einem in die Bohrmaschine gespannten **Kreisschneider** aus. Dabei ist sicherheitshalber die Bohrmaschine in den Bohrständer einzuspannen; achten Sie auf eine sichere Fixierung der Fliese. Man kann auch entlang dem vorgezeichneten Kreisumfang mit einem Hartmetallbohrer Loch an Loch bohren und die dazwischen liegenden dünnen Stege zum Schluß mit dem Papageienschnabel wegzwicken. Der leicht unregelmäßige Rand wird später mit ei-

15

16

17

18

19

ner **Rosette** überdeckt und bleibt unsichtbar.

Man sollte den Ringspalt rund um die Rohraustritte mit farblich passendem Sanitärfugendichter dauerelastisch verfugen, ebenso die Hohlräume zwischen Fliesen und Schalter- bzw. Steckdosen.

Die 10 cm dicke Trennwand zum übrigen Dachraum können Sie ebenfalls selbst anfertigen. Für den Zugang zum Bad sorgt eine auch bei Feuchtigkeit dimen-sionsstabile **Stahlinnentür** (vgl. Arbeitsanleitung S. 56).

Zur Nutzung der gesamten lich-ten Badbreite von 100 cm setzen Sie eine 70x70 cm große Dusch-wanne in eine U-förmige Um-mauerung aus Porenbetonstei-nen. Insgesamt hat dann die Duschnische mit einer Grundflä-che von 100x90 cm reichlich Bewegungsraum zu bieten.

18 Zum Schutz der Gipskarton-platten gegen Nässeeinwirkung verlegen Sie die Fliesen im kriti-schen Bereich mit **Dichtkleber** auf einer zuvor ausgehärteten, vollflächigen Dichtschicht. Alle Anschlußfugen versiegeln Sie sorgfältig.

19 In diesem relativ engen Bad bieten sich weiße Fliesen im For-mat 15x15 cm an, wobei rote Ein-streufliesen lebhafte Akzente set-zen. Am Duschrand macht ein rot-weißes Schachbrettmuster auf die mögliche Stolperstelle aufmerksam.

Compact Praxis
»do it yourself«

Modernes Praxiswissen für erfolgreiches Heimwerken

Die Reihe **Compact Praxis** »do it yourself«
ist für alle, die Freude am Selbermachen haben;
für Do-it-yourself-Anfänger wie für
Hobbybastler und Heimwerkerprofis.

Jeder Band
enthält über
200 farbige
Abbildungen,
übersichtliche
Symbole,
Sicherheits-,
Profi- und Öko-
tips, anwender-
freundliche
Schritt-für-Schritt-
Techniken.

Bereits über
50 Titel lieferbar.
Jeder Band
nur 19,80 DM

Fordern Sie
den neuen
Prospekt
mit allen
lieferbaren
Titeln an:

Compact Verlag GmbH
Züricher Straße 29
81476 München
Tel.: (0 89) 74 51 61-0
Fax: (0 89) 75 60 95

Trennwand in Trockenbauweise

Material
Anschlußdichtung, Rahmenhölzer 6x4 cm, Ständerhölzer 6x6 cm, Nageldübel, Steinwollplatten, Ständerwerkszarge, Tür, SPAX-Schrauben, Gipskarton-Platten, Schnellschrauben, Fugenspachtel.

Werkzeug

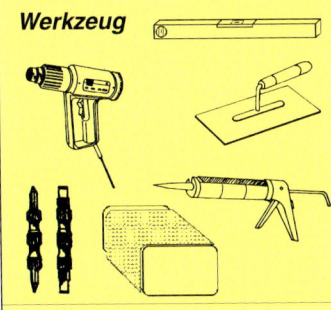

Schwierigkeitsgrad

| 0 | 1 | 2 | 3 |

Kraftaufwand

| 0 | 1 | 2 | 3 |

Arbeitszeit
Etwa 2 bis 3 Stunden pro Meter raumhohe, fertige Wand.

Ersparnis
Etwa 75 bis 100 Mark pro Meter raumhohe, fertige Wand.

Der Aufbau einer Trennwand mit Ständerwerk gleicht weitgehend dem bereits beschriebenen Bau einer Vorsatzschale. Die Trennwand wird lediglich beidseitig beplankt.

Deshalb kann die Beschreibung des Aufbaus sich zunächst auf die Auflistung der Arbeitsschritte in Stichworten beschränken:

● Verlauf der Trennwand einmessen und an Boden, Wänden und Decke markieren.

● Selbstklebende Anschlußdichtung im Auflagebereich der Rahmenhölzer aufkleben.

● Rahmenhölzer aus druckimprägnierten, 6x4 cm großen Hölzern zuschneiden und mittig im Abstand von etwa 80 cm mit 8-mm-Bohrungen versehen.

● Rahmenhölzer in Montageposition bringen und Dübellöcher mit Schlagbohrmaschine oder Bohrhammer in Boden, Wände und Decke einbringen.

● Rahmenhölzer andübeln.

● Im Abstand von 60 cm senkrechte 6x6 cm-Ständerhölzer anordnen und mit langen, schräg einzuziehenden Holzschrauben mit den Rahmenhölzern verschrauben.

Meist muß die Trennwand eine Tür bekommen. Im Fachhandel gibt es Ständerwerkszargen aus Holz und Stahl. Man stellt sie in die im Ständerwerk ausgesparte, von 6x6 cm-Kanthölzern eingerahmte Türöffnung und verschraubt sie mit den Kanthölzern.

Für eine Trennwand im Bad ist eine **Ständerwerkszarge** aus Stahl ideal, da sie sich nicht verzieht und so auf Dauer ein einwandfreies, leises und dichtes Schließen der Tür garantiert. Rundumverzinkung und eine lackierfreundliche Grundierung sorgen bei Qualitätszargen für die nötige **Korrosionsbeständigkeit**. Solche Zargen sind als Umfassungszargen ausgebildet. Ihre Maulweite richtet sich nach der Gesamtdicke der Trennwand. Bei einer Trennwand mit 60 mm dickem Ständerwerk und beidseitiger 20 mm dicker Beplankung muß eine Zarge mit 100 mm Maulweite gewählt werden. Ist die Beplankung der Trennwand nur jeweils 10 mm dick, muß die Maulweite 80 mm betragen.

Die Zarge montieren Sie im Ständerwerk so, daß Sie auf beiden Seiten die Beplankung hinter den Zargenspiegel schieben können. Bei vielen Zargen müssen Sie im

1

2

3

4

Montageöffnung eingestellt und **ausgerichtet**. Zwischen Zargenspiegel und Ständerwerk gesteckte Reststücke der vorgesehenen Beplankung sorgen auf beiden Seiten für die notwendige »Luft« zum späteren Einschieben der Beplankung.

Als nächstes verschrauben Sie die Zarge auf der Bänderseite mit dem Ständerwerk. Kontrollieren Sie immer wieder mit der **Wasserwaage** die Lage.

3 Um auch auf der Schloßseite die richtige Montageposition für die Zarge zu finden, hängen Sie nun das Türblatt ein und schließen die Tür. Jetzt können auch die Montageanker auf der Schloßseite mit dem die Türöffnung begrenzenden Kantholz verschraubt werden.

Nun beplanken Sie zuerst eine Seite des Ständerwerks. Bis zu 12 mm dicke Gipskartonplatten lassen sich nach kräftigem Anritzen mit einem scharfen Cuttermesser, das Sie an einem Stahllineal entlangführen, problemlos über eine Kante brechen.

Bereich des Schlosses und der Bänder darauf achten, hierfür sorgfältige Ausschnitte in den Gipskartonplatten auszuarbeiten.

1 In eine Ständerwerkszarge aus Stahl kann sowohl eine Holz- als auch eine Stahlinnentür eingebaut werden. Um Einpaßproble-

me von vornherein auszuschließen, sollte die Zarge beim Aufbau des Ständerwerks bereits vorhanden sein. So können die Rahmenhölzer, die der Zarge Halt geben, maßgenau eingebaut werden.

2 Die Zarge wird vor der Montage der Gipskartonplatten in die

4 Dickere Platten schneiden Sie mit einem Fuchsschwanz oder einer Handkreissäge zu und schrägen die Schnittkanten an. Auf der Feuchtraumseite enden die Platten wiederum etwa 1 cm oberhalb des Fußbodens. Dieser Spalt wird später mit einer dauerelastischen Silikonmasse ausgespritzt.

5 Wenn eine Wandschale beplankt ist, fachen Sie das Ständerwerk zur Verbesserung des Schallschutzes und der Wärmedämmung mit **Steinwolle** aus. Die mit 1 cm Übermaß zugeschnittenen Platten füllen das Rahmenwerk lückenlos aus.
Bei Trennwänden zwischen beheizten Räumen kann auf die Dampfsperre verzichtet werden.

6 Ist die Dämmung angebracht, beplanken Sie noch die zweite Seite der Trennwand.

5

6

7

8

7–8 Zum Schluß sind noch alle **Stoßfugen und Schraubstellen** zu verspachteln und zu schleifen, wobei sich vor allem bei großen Flächen ein Schwingschleifer mit Staubabsaugung bewährt. Spachteln und Schleifen sind so lange zu wiederholen, bis eine makellos glatte Fläche erreicht ist. Nach dem Tiefgrundieren wird ta-

peziert. Auf der zu fliesenden Seite können diese Arbeitsgänge entfallen. Zum Schluß sind an der Tür noch die **Dichtungen** in den Zargenrahmen einzuziehen. Sie werden an den Ecken auf Gehrung geschnitten, damit sie sich hier nicht stauchen. Achten Sie darauf, daß der Einbau der Dichtung erst erfolgt, wenn der An-

strich der Türzarge voll durchgehärtet ist.
Die Dichtungen sorgen nicht nur für leises Schließen und einen verbesserten Schallschutz, sondern vermeiden auch, daß die feuchte Badluft bei geschlossener Tür in den Wohnbereich übertreten kann und umgekehrt Warmluft abfließt.

Bad mit Versteck für Waschmaschine und Trockner

Material

Laschenanker, Dübel, Dachlatten, Schrauben, Gipskartonplatten, Wandglätter, Fliesenkleber, Fliesenlegerkreuze, Fugenmasse, Dispersionslack, Kreppband, Installationsmaterial; Fliesen, Waschtisch, Duschwanne, Duschkabine, Badewanne, Armaturen, Accessoires.

Werkzeug

Schwierigkeitsgrad

0	1	2	3

Kraftaufwand

0	1	2	3

Arbeitszeit

Je nach Badgröße und Umfang der Eigenleistung 70 bis 90 Stunden für zwei Personen.

Ersparnis

Je nach Aufwand der Renovierung können Sie 5000 bis 6000 DM einsparen.

In vielen Bädern müssen häufig Geräte wie Waschmaschine und Trockner untergebracht werden. Sie nehmen nicht nur Platz ein, sondern stören oft das Gesamtbild. Deshalb lohnt die Überlegung durchaus, wo und wie man die Geräte gut verstecken kann. Dazu ist keineswegs viel zusätzlicher Platz notwendig. Allerdings ist die hier gezeigte Lösung aufgrund der Raumgröße des Altbaubads auch sehr großzügig.

Sie können diese Renovierung in Zusammenarbeit mit einem Installateur weitgehend in Eigenarbeit durchführen: Der Bau einer **Stichwand** für das Waschmaschinenversteck, Verringerung der Raumhöhe durch eine abgehängte Zwischendecke um rund 35 cm, Installation einer Duschkabine sowie Fliesen- und Anstricharbeiten sind dazu nötig.

1 Wenn Sanitärinstallateur und Elektriker die nötigen Leitungen verlegt haben, können Sie selbst zunächst die **Leitungsschlitze** beiputzen und die **Wandunebenheiten** glätten.

2 Als nächstes schrauben Sie die **Rahmen** für die 80 cm tiefe und

1

2

3

5

4

6

20 cm breite Trennwand aus 6x4 cm großen Hölzern zusammen.

Diese auf das Fliesenformat 20x20 cm abgestimmten Maße erlauben ein späteres Fliesen, ohne daß Zuschnitte anfallen. Die beiden durch kurze Leistenabschnitte miteinander verbundenen Rahmen verankern Sie am besten mit 8 cm langen Nageldübeln (N 8x80) am Boden sowie mit normalen 8 mm-Rahmendübeln an der Wand und an der Decke.

3 Danach müssen Sie sie nur noch beidseitig mit grünen **imprägnierten Gipskartonplatten** beplanken.

Nachdem die Trennwand präpariert ist, können Sie die Decke nach dem im Grundkurs (vgl. S. 32) beschriebenen Verfahren einziehen. Damit ist der Raum soweit fertiggestellt, daß Sie die Decke mit grober Rauhfaser tapezieren und mit gebrochenem weißem Dispersionslack streichen können. Im Anschluß daran können Sie mit dem Fliesen der Wände beginnen. Auf den Putzflächen werden die Fliesen mit Dispersionskleber verlegt, wobei

Fugenkreuze für ein ebenmäßiges Fugenbild sorgen.

4 Erst wenn die Wandflächen fertig gefliest sind, machen Sie die **Zuschnitte** für den Wandbereich sowie für die Fensterlaibung.

5 Durch Anritzen markieren Sie die Brechlinie der Fliesen .

6 Anschließend werden diese mit der Spezialbrechzange geteilt und verklebt. Mit einer Fliesenschneidmaschine geht das Zuschneiden leichter.

7 Drücken Sie dann die Fliesen in das satt aufgezogene Kleberbett.

8 Die schmale Stichwand aus Gipskartonplatten liegt im Spritzwasserbereich am Fußende der Badewanne. Deshalb sollten Sie einen **abdichtenden Fliesenkleber** einsetzen (beispielsweise einen zweikomponentigen Epoxidkleber).

Bei Flächen, die regelmäßigem direktem Wasserkontakt ausgesetzt sind, ist eine zuvor aufgezogene **Dichtschicht** unverzichtbar.

9 Nach Fertigstellung der Verlegung an den Wänden können Sie verfugen.

Als Bodenbelag verwenden Sie die zur Fliesenserie passenden Leerfliesen.

10 Zum Verlegen auf dem zuvor stellenweise ausgebesserten Estrich verwenden Sie einen mit Wasser angesetzten, mit der Zahnkelle gleichmäßig aufgezogenen Pulverkleber.

11 Drücken Sie die Bodenfliesen in das frische Klebebett ein. Den Platz für die später vom Installateur anzuschließende Duschwanne sparen Sie dabei aus.

12 Die Anschlüsse der Wanne an die Fliesenwände wie auch an den Boden müssen Sie unbedingt dauerelastisch abdichten. Bevor Sie damit beginnen, kleben Sie die Stellen rundherum mit **Kreppband** ab, damit Sie saubere Konturen erhalten. Wählen Sie eine zur Sanitärfarbe passende Silikonmasse. Wenn Sie alles ausgespritzt haben, entfernen Sie die überschüssige Silikonmasse. Nun können Sie die Abklebung abziehen und die

7

8

9

10

11

12

Verfugung noch einmal nachglätten.

13 Mit dem Verfugen des Bodens gewinnt das Bad allmählich seine geplante Gestalt.

Es stehen nur noch die Bohr- und Dübelarbeiten für die **Waschtischmontage** an.
Hierfür gibt es im Fachhandel sogenannte Waschtischbefestigungen. Das sind spezielle Montagesets mit aufeinander abgestimmten Dübeln und Stockschrauben, die in Massivmauerwerk und ähnlich festen Wandbaustoffen für eine ausreichende Verankerung sorgen. In weniger druckfesten Baustoffen können **Spezialdübel** notwendig werden.

Die Montage des Waschtischs und der Armaturen für Badewanne und Dusche überlassen Sie dem Installateur.

14 Zum guten Schluß werden noch Spiegel, Ablagen und Ausstattungsarmaturen wie Handtuchstange angebracht. Hierbei erleichtern die den Produkten beiliegenden Bohrschablonen erheblich die Arbeit.

Profitip

Wenn Sie den Staubsaug-schlauch schräg unter die Bohrstelle halten, können Sie das Bohrmehl direkt am Entste-hungsort absaugen.

Selbst montieren können Sie auch die **Glanzglas-Duschkabi-ne**. Dazu müssen Sie nur ihren Aluminiumrahmen zusammen-setzen und andübeln.

Eine Versiegelung der Anschluß-fugen mit transparentem Sanitär-fugendichter sorgt für den nöti-gen wasserdichten Anschluß an den Wänden wie auch auf der Duschtasse.

Waschmaschine und Trockner müssen jetzt nur noch als Turm aufeinandergesetzt und mit den vom Installateur und Elektriker verlegten Anschlüssen verbun-den werden, dann können Sie das neue Bad im alten Haus ein-weihen.

15 Hinter der schmalen Stich-wand am Fußende der Badewan-ne versteckt fallen die Waschma-schine und der Trockner kaum auf.

13

14

15

Dusche statt Wanne

Material
Porenbetonsteine, Traggerüst, Klebemörtel, Tiefgrund, Dispersionskleber, Fugenkreuze, Injektionsanker, Installationsmaterial, Sanitärfugendichter, Farbe, Acryllack, Hartschaum und Kleber, Duschwanne, WC, Bidet, Waschtisch, Duschnischen-Tür, Armaturen, Accessoires.

Werkzeug

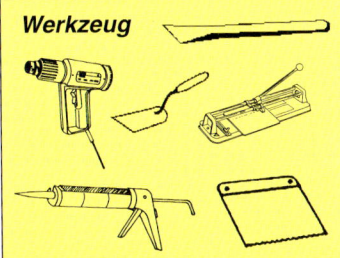

Schwierigkeitsgrad

| 0 | 1 | 2 | 3 |

Kraftaufwand

| 0 | 1 | 2 | 3 |

Arbeitszeit
Je nach Aufwand müssen Sie mit 40 bis 60 Stunden für zwei Personen rechnen.

Ersparnis
Je nach Gegebenheiten sparen Sie etwa 2800 bis 4200 DM.

1 Diese Arbeitsanleitung geht von einem **typischen Altbaugrundriß** aus, dem lang gestreckten Bad mit Wandvorsprung, hinter dem die Speisekammer der angrenzenden Küche liegt. Trotz ausreichendem Platz ist die Ausstattung mit einem kleinen Waschbecken, freistehender Guß-Email-Wanne und WC zuerst relativ spartanisch, weshalb eine völlige Neugestaltung nötig ist.

Dabei sollte mit Rücksicht auf die Installationskosten darauf geachtet werden, daß die neue Sanitäranordnung möglichst mit den vorhandenen Leitungen zu erreichen ist.

Die alte Badewanne wird entfernt. Dafür ist eine neue Dusche vorgesehen. Sie soll in einer neugeschaffenen Nische, die aus dem Wandvorsprung der Speisekammer entsteht, eingebaut werden. Dafür gibt es Platz für einen größeren Waschtisch und für ein Bidet neben der Toilette.

Hierzu ist eine **Trennwand** notwendig. Diese können Sie aus Porenbeton aufmauern und in die Rückwand der Speisekammer einbinden. Dabei muß die Ziegel-wand mit entsprechenden Aussparungen versehen werden.
Wenn Sie nicht gern mit Steinen umgehen, können Sie die Trennwand selbstverständlich auch in Trockenbauweise aus Gipskartonplatten mit hölzerner Unterkonstruktion oder aus Spanplatten der Güte V 100 errichten. Dabei muß allerdings für eine spritzwasserdichte Fliesenverklebung gesorgt werden.

In diesem Beispiel besteht die Isolierung aus einem Dickschichtanstrich mit einer Bitumen-Kautschuk-Flüssigfolie. Darauf lassen sich anschließend die Fliesen mit Pulverkleber gut verlegen.

Für den nächsten Schritt müssen Sie den **Installateur** bemühen. Er verlegt die für Waschbecken, Dusche und Bidet notwendigen Wasseranschlüsse und Abflußleitungen. Außerdem muß er die inzwischen fertiggestellte Duschabtrennung aus Porenbeton auf der Außenseite mit einem in die Wand eingelassenen **Traggestell** versehen, das die Montage eines wandhängenden Bidets an dieser Trennwand erlaubt und die Belastung in den Fußboden einleitet.

1

2

3

4

3 Anschließend erhält der Boden einen Fliesenbelag, der mit den Leerfliesen aus der für die Wände gewählten Fliesenserie gestaltet wird.

4 Die neue Duschwanne besteht aus einer hochbordigen **Keramikausführung** mit etwa mittig angeordnetem Boden, der günstige Installationsbedingungen für den Abfluß bietet. Diese dreiseitig glasierte Ausführung stellt auch deshalb ideale Voraussetzungen für die Renovierung dar, weil sie nicht untermauert werden muß, selbst wenn sie nur mit einer Seite an eine Wand anschließt. Sie wird nach Fertigstellung der Fliesenarbeiten einfach in die Duschnische geschoben und an allen Wandanschlüssen dauerelastisch versiegelt.

5 Da das Bad raumhoch gefliest ist und die Decke praktisch als einzige aufnahmefähige Fläche verbleibt, streichen Sie sie nun mit einer fungizid eingestellten Dispersionsfarbe in einem mit etwas Ocker leicht gebrochenen Weiß.

6 Das schöne Altbaufenster erhält einen Anstrich im Ton der

Dies ist auch bei einer Leichtbau-Trennwand aus Gipskarton oder Spanplatten unerläßlich. In diesen Fällen liegt das Traggerüst im Wandhohlraum.

Die alte Toilette wird gegen ein **wandhängendes Modell** ausgetauscht. Dadurch läßt sich auch der Boden besser pflegen. In

diesem Fall wird kein Traggestell benötigt, da die massive Ziegelwand eine direkte Verankerung erlaubt.

2 Jetzt können Sie die Renovierung wieder selbst fortsetzen. Nachdem Sie die **Rohrschlitze** beigeputzt haben, fliesen Sie die Wände.

Fliesen mit abgemischtem, umweltfreundlichem Dispersionslack. Bevor Sie mit dem Anstrich beginnen, kleben Sie alle Kanten sorgfältig mit **Kreppband** ab, damit Sie beim Streichen keine Farbe auf die Scheiben bringen, aber trotzdem bis ans Glas lackieren können.

7 Wenn sich bei der Montage der wandhängenden Toilette herausstellt, daß die Ziegel in diesem Bereich nicht ganz so stabil sind, muß, um jedes mögliche Risiko zu vermeiden, die Anbringung mit **Injektionsankern** erfolgen, die nach Verfüllen mit Injektionsmörtel für den notwendigen Halt sorgen.

Bei der Waschtischmontage handelt es sich um hartgebrannte Ziegel, so daß hier eine ganz normale Waschtischbefestigung mit **Nylondübeln** und Stockschrauben verwendet wird.

8 In die Dübel werden die zugehörigen Stockschrauben bis zu ihrer Schaftmarkierung eingedreht.

Für den Ausgleich etwaiger Wandunebenheiten sorgt auf die

5

6

7

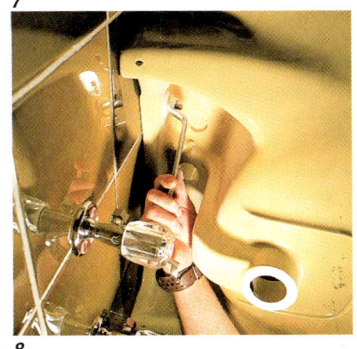

8

Waschtischrückseite gegebener weißer Zement.
Nylon-Bundmuttern verleihen dem Waschtisch sicheren Halt an der Wand.

Accessoires wie Spiegel, keramische Ablage über dem Waschbecken, Handtuchhalter und Seifenschale, Gläserhalter und Hal-

tegriff über dem Bidet komplettieren das neue Bad.

Profitip

Bei der Montage von Sanitärteilen und Asseccoires sollten die Schrauben stets wechselseitig angezogen werden, um Spannungen zu vermeiden.

Ein Bad, wo früher keines war

Material
Dachlatten, Anschlußdichtung, Schrauben, Dübel, Steinwoll-Dämmplatten und Stopfwolle, Gipskartonplatten, Fugenspachtel, Fliesenlegerkreuze, Fliesenkleber, Kreppband, Sanitärfugendichter, Fliesen, Waschtisch, Duschwanne, Sperrholz oder Spanplatte, Lamellentüren.

Werkzeug

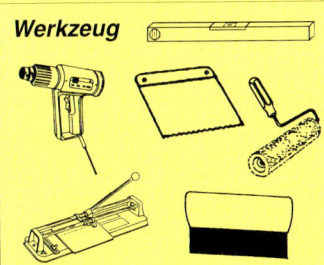

Schwierigkeitsgrad

| 0 | 1 | 2 | 3 |

Kraftaufwand

| 0 | 1 | 2 | 3 |

Arbeitszeit
Für dieses Bad sollten Sie mit etwa 50 Stunden Eigenarbeit rechnen.

Ersparnis
Durch Eigenleistung ersparen Sie rund 2800 DM.

In vielen Altbauten ist es mit dem Renovieren eines Bades nicht getan, denn meist fehlt in diesen Wohnungen ein Bad ganz und gar. Manchmal reicht auch ein einziges Bad für eine Familie mit Kindern nicht aus, so daß ein Weg gefunden werden muß, um den morgendlichen Kampf ums Bad ein für allemal zu beenden. Diese Aufgabe stellt sich auch einem berufstätigen Ehepaar, das zusammen mit seinem Kind allmorgendlich zur gleichen Zeit das Haus verlassen muß. Um den täglichen Engpaß im Bad zu vermeiden, wird in diesem Beispiel ein zusätzliches Bad im Elternschlafzimmer eingebaut. Da es mit einer Wand an das Badezimmer angrenzt, ist es möglich, auf kurzem Weg Anschlußmöglichkeiten an die Kalt- und Warmwasserleitungen wie auch an den Abfluß zu finden.

Lassen Sie in solchen Fällen immer einen **Sanitärinstallateur** überprüfen, ob diese Möglichkeit besteht, und lassen Sie ihn die notwendigen Installationsarbeiten ausführen.

Anschließend verkleiden Sie die **Vorwandinstallation** (vgl. dazu Arbeitsanleitung S. 46).

Für das Minibad benötigen Sie nur insgesamt einen 115 cm breiten Streifen des Zimmers. Dieser Raum reicht aus, um inklusive der 15 cm erfordernden Vorsatzschale einen **Waschplatz** und eine **Dusche** einzubauen. Als Waschplatz dient ein in einen 90 cm breiten Unterschrank eingebauter 64 cm breiter Waschtisch. Er ist in diesem Fall im rechten Winkel zur Vorsatzschale an der Längswand des Raums angebracht. Genau gegenüber ist Platz für eine 80x80 cm große Duschwanne.

Den Abschluß zum Zimmer bilden zwei quergestellte Kleiderschränke, deren Rückwände mit wasserfestem Sperrholz aufgedoppelt und gefliest werden. Der Durchgang zwischen beiden Schränken ist durch schrankhohe, auf Maß gefertigte und weiß lackierte **Lamellentüren** zu verschließen. So ergibt sich ein in sich abgeschlossenes Bad.

Eine elegante, aber leider nicht immer praktikable Lösung für eine entsprechende Lüftung ist der Einbau eines Ventilators oberhalb der Duschkabine, so daß die beim Duschen entstehende feuchte Luft ins Bad abgeleitet werden kann.

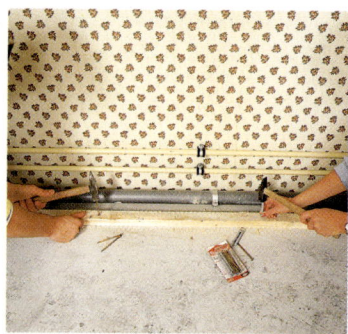

1 Dübeln Sie nach Aufkleben einer Anschlußdichtung 4 cm hinter der geplanten Flucht der Vorsatzschale zunächst eine 6x4 cm große **Dachlatte** mit Nageldübeln auf den Boden.

2 Anschließend montieren Sie eine ebenfalls 6x4 cm große **Abschlußleiste** an der Wand. Sie wird in der Durchsteckmontage mit S8 R-80-Rahmendübeln horizontal befestigt.

3 Mit senkrechten 3x5 cm-Dachlatten, die zunächst im Abstand von 50 cm gegen die Bodenleiste zu schrauben sind, bauen Sie die Unterkonstruktion weiter. Schrauben Sie gegen die senkrechten Streben oben eine 6x4 cm-Abschlußleiste flach auf, so daß sie mit der an der Wand angedübelten Leiste in der Waage liegt.

Zum Schluß werden Wand- und vordere Abschlußleiste durch kurze, untergeschraubte Leistenabschnitte verbunden.

4 Das so entstandene Leistengerippe müssen Sie zunächst mit **Steinwollplatten** und **Stopfwolle** ausfachen.

5 Im Anschluß daran beplanken Sie die waagerecht angeordneten **Gipskartonplatten**. Trotz der eher geringen Wasserbelastung sollten Sie auf Sicherheit setzen. Behandeln Sie deshalb die Gipskartonflächen der Vorsatzschale nach der Montage mit lösungsmittelfreiem Tiefgrund.

6 Verlegen Sie anschließend die Fliesen mit einem zweikomponentigen Epoxidharzkleber. Dieser muß zuvor vollflächig als Dichtschicht aufgezogen und nach dem Aushärten mit einem frischen Ansatz überspachtelt werden, um die Fliesen auf die Dichtschicht zu kleben.

Das gleiche Verfahren wenden Sie beim Verfliesen der aufgedoppelten Schrankrückseite an. Heutzutage läßt sich der gewünschte Effekt auch mit einkomponentigen und somit leichter zu verarbeitenden Materialien erreichen. Auf den Putzflächen verlegen Sie die Fliesen wie üblich mit Dispersionskleber. Für den Bodenbelag nehmen Sie dagegen Pulverkleber.

Als **Duschwanne** wird hier eine 80x80 cm große, keramische

Ausführung mit mittig angeordnetem Boden gewählt. Sie erlaubt einen problemlosen Anschluß an die aus der Vorsatzschale tretende Abflußleitung.

Setzen Sie die Duschwanne in die bereits gefliese rechte Raumecke und dichten Sie sämtliche Anschlußfugen dauerelastisch ab. Eine auf den Duschrand aufgesetzte Abtrennung schirmt das Minibad gegen Spritzwasser ab.

7 Durch den separaten Waschplatz nebst Dusche ist die häusliche Situation am Morgen jetzt entspannt. Das Kind – oder auch mal ein Gast – genießt sein Bad, das tagsüber hinter den Lamellentüren verborgen bleibt.

Profitip
Bei wie hier nachträglich eingebauten Minibädern sollte in dem an den Fliesenbelag angrenzenden Wohnbereich ein vollsythetischer Teppichboden gewählt werden, der etwaige Feuchtigkeitseinflüsse übersteht, ohne allzugroßen Schaden zu erleiden.

4

6

5

7

Badkomfort bei schmalem Grundriß

Material

Steinwoll-Dämmplatten, Metallprofile, Nonius-Abhänger, Schrauben, Dübel, Blindnieten, Gipskartonplatten, Schnellbauschrauben, Fliesenkleber, Fugengrau, Fugenbreit, Fliesenlegerkreuze, Fugenmasse, Dispersionslack, Fliesen.

Werkzeug

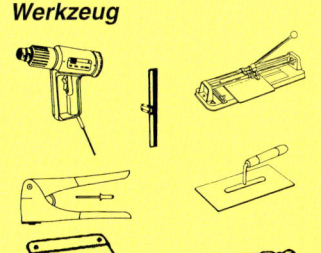

Schwierigkeitsgrad

| 0 | 1 | 2 | 3 |

Kraftaufwand

| 0 | 1 | 2 | 3 |

Arbeitszeit

Je nach Badgröße und Eigenleistung 120 bis 150 Stunden.

Ersparnis

Sie sparen zwischen 5000 und 6000 DM.

Kleine, schlauchartige Bäder gibt es in vielen Wohnungen. Auch die Ausstattung erweckt in vielen Fällen den Eindruck, als habe man das Nötigste irgendwie untergebracht, ohne sich um Funktion und Optik zu kümmern.

1 Hier sind die Sanitärgeräte in Reihe angeordnet. Freistehende Badewanne und Waschbecken werden über einen langen Schwenkhahn versorgt. Das WC liegt im hinteren Teil des Raumes in der Nähe des Fensters, das durch ein modernes Kunststoff-Fenster ersetzt wird.

Die Anordnung von Wanne, Waschtisch und WC kann man im wesentlichen beibehalten. Selbstverständlich erhalten Waschtisch und Wanne separate moderne **Mischarmaturen**. Die Warmwasserversorgung erfolgt über den in der Küche an der gemeinsamen Wand mit dem Bad neu installierten **Gas-Durchlauferhitzer**.

Ein vor dem Versorgungsschacht angebrachter Spiegel, der wie eine Schranktür zu öffnen ist, und ein gegenüberliegender raumho-

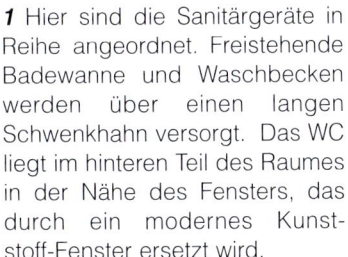

1

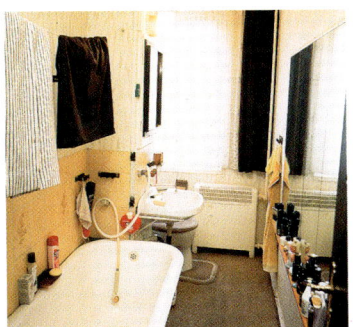

2

3

4

7

5

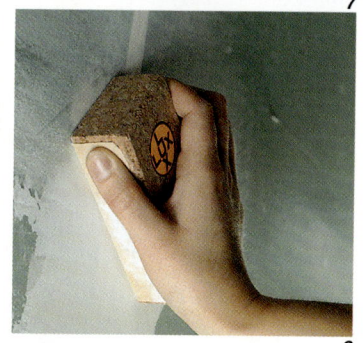

8

6

9

her **Wandspiegel** lassen den schmalen Raum auch geräumiger erscheinen.

Wegen mangelhafter Dämmung von Fassade und Deckenanschluß bildet sich an der Baddecke Kondenswasser. Abhilfe schaffen die Verfliesung aller Wände und eine abgehängte Decke mit Steinwoll-Dämmung.

Der Fußboden weist an der Grenze zum Flur eine kleine **Schwelle** auf. Sie wird mit selbstverlaufender Ausgleichsmasse beseitigt und anschließend gefliest.

Der **Installationsschacht** führt durch alle Etagen und enthält neben den Gas- und Wasserleitungen auch die Gasuhr. Eine Unterbrechung ist sowohl schalltechnisch als auch in Hinsicht auf den vorbeugenden Brandschutz ratsam.

Verkleiden Sie den gesamten Schacht von außen mit Gipskartonplatten. Horizontal können Sie den Schacht ober- und unterhalb der Revisionsöffnung doppellagig mit stramm eingepaßten Steinwollspanten abschotten, um so die Geräusche aus den Nachbarbädern wie auch die Leitungsgeräusche übertragende schwingende Luftsäule zu unterbrechen.

2 Nach einer **Kartonschablone** schneiden Sie die horizontalen Dämmspanten für den Installationsschacht mit einem Dämmstoffmesser zu.

3 Anschließend passen Sie sie sorgfältig ein.

10

4 Auch die Innenflächen des Schachtes kleiden Sie mit nichtbrennbaren Steinwollplatten aus.

Eine abgehängte Decke (vgl. Grundkurs S. 32) soll Optik und Schallschutz verbessern. In ihr können Sie auch die Beleuchtung, etwa stromsparende Halogenspots, unterbringen.

11

5 Durch die Gipskarton- bzw. Fliesenbekleidung der Wände werden auch neue **Zargen** notwendig. Richten Sie mittels einer Wasserwaage eine U-Zarge aus und dübeln sie an, nachdem Sie sie entsprechend der Dicke der Wandbekleidung hinterfüttert haben.

12

13

Einen optischen und zumindest bei Regenwetter auch akustischen Störfaktor stellt die durch das Bad laufende **Dachentwässerung** dar.

6 Das voluminöse, ungedämmte und frei sichtbare Abflußrohr umgehen Sie mit verzinkten Winkelprofilen und füllen sie mit Steinwollzuschnitten und Stopfwolle lückenlos aus.

7 Dann wird die Konstruktion mit Gipskartonplatten verkleidet. Die Schraubstellen und Stoßfugen spachteln Sie bei.

8 Nach dem Durchtrocknen der Erstspachtelung schleifen Sie die

14

15

17

11 Eine **Bordüre** in Augenhöhe ist für ein so kleines Bad gerade der passende Schmuck.

12 Hier stoßen Betonwand und Gipskartonflächen zusammen. Die Stoßfugen zwischen den Fliesenbelägen auf unterschiedlichen Untergründen muß dauerelastisch verfugt werden, um Rißbildungen zu vermeiden.

13 Zum Verkleben der Bodenfliesen verwenden Sie am besten Sicherheitskleber. Dabei verleiht eine diagonale Fliesenverlegung dem Raum Spannung.

14 Die dreieckigen **Randzuschnitte** können Sie während der Flächenverlegung oder auch ganz zum Schluß einpassen.

15 Dann verfugen Sie. Für die Wände eignet sich ein weißer Fugenmörtel, den Sie mit dem Gummiwischer einrakeln.

16 Wenn die Verfugung stumpf anzutrocknen beginnt, reinigen Sie die Fliesenoberfläche mit einem feuchten Schwamm.

17 Anschließend verfugen Sie den Boden grau.

Spachtelstellen und spachteln anschließend nach. Behandeln Sie die von Anstrich- und Tapetenresten gesäuberten Putzflächen mit **Tiefgrund** vor. Das verfestigt den Untergrund und sorgt für eine gleichmäßige Saugfähigkeit.

9 Mit einem **Zahnkamm** ziehen Sie Fliesenkleber auf die Wände

auf. Dabei können Sie jeweils Teilflächen von 1 bis 1,5 m² verlegen. Anschließend kleben Sie die Fliesen sorgfältig auf.

10 Die neue Einbaubadewanne sitzt in einem Hartschaum-Wannenträger, der ideale Voraussetzungen für das Verfliesen bietet.

18 Eck- und Anschlußfugen verfugen Sie dauerelastisch. Um saubere Fugenkanten und gleichbreite Verfugung zu erhalten, kleben Sie die Fugen beidseitig mit **Kreppband** ab.

19 Mit der angefeuchteten Fingerkuppe glätten Sie die Verfugung. Geben Sie dem Wasser einen Spülmittelzusatz bei.

20 Nach Abschluß der Fliesenarbeiten setzt der Installateur das WC, das mit Sanitärbefestigungen am Boden verankert wird.

21 Die Decke und den schmalen Fries oberhalb der Fliesenflächen kann man mit mittelgrober Rauhfaser tapezieren und weiß rollen.

22 Die **Revisionsöffnung** zum Installationsschacht ist durch eine mit Scharnieren und Magnetschnappern fixierte »Bilderrahmentür« verdeckt. Bekleben Sie sie mit einem Spiegelzuschnitt.

23 Im Schwellenbereich sorgen Sie für einen **dekorativen Übergang**, indem Sie die diagonale Verfliesung durch einen rechtwinklig verlegten Fliesenstreifen in Zargenbreite abschließen.

18

21

19

22

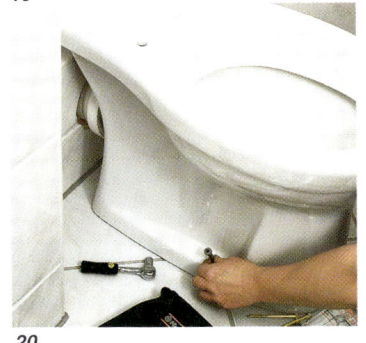

20

23

Eine unsichtbare Revisionsöffnung

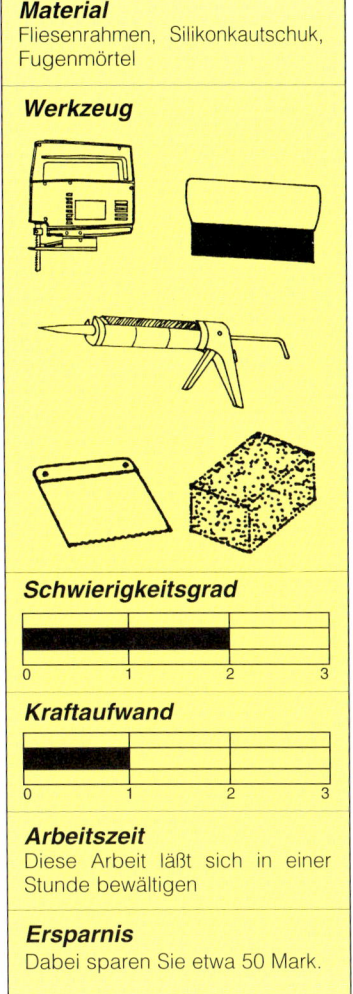

Material
Fliesenrahmen, Silikonkautschuk, Fugenmörtel

Werkzeug

Schwierigkeitsgrad

0	1	2	3

Kraftaufwand

0	1	2	3

Arbeitszeit
Diese Arbeit läßt sich in einer Stunde bewältigen

Ersparnis
Dabei sparen Sie etwa 50 Mark.

Stand früher die Badewanne frei im Raum, und waren alle Leitungen somit frei zugänglich, so ist heute die eingebaute Badewanne üblich. Dabei wird die Wanne entweder in einen schall- und wärmedämmenden Hartschaumkörper gesetzt oder auch mit Porenbetonsteinen oder Leichtbauplatten umkleidet.

Um dann aber noch bei einem technischen Problem an den Abfluß heranzukommen, bedarf es einer sogenannten Revisionsöffnung. Darunter versteht man eine Öffnung in der Wannenumkleidung, die mit einer gefliesten Abdeckplatte verschlossen ist.

Eine clevere Lösung erlaubt es heute, die Revisionsöffnung problemlos zu gestalten und sicherzustellen, daß sie jederzeit zugänglich ist.

Das System baut auf einem **Fliesenrahmen aus Kunststoff** auf, der in die Wannenumkleidung eingelassen und mit dieser verklebt wird. Der besondere Pfiff dieser Lösung liegt darin, daß die Fliese durchaus größer als die Trägerplatte sein kann, die die Revisionsöffnung verschließt.

Auf diese Weise bleiben Fliesendekor und Fugenbild ungestört erhalten, und die eingeflie-

1

2

3

4

6

5

7

ste Wanne bietet ein rundum harmonisches Bild. Störende Zuschnitte entfallen!

1 Bevor es an die praktische Montage geht, müssen Sie die Position der Revisionsöffnung festlegen. Sie wird so plaziert, daß der Abfluß problemlos erreichbar ist und die Öffnungsab-

deckung von einer ganzen Fliese überdeckt wird. Dabei darf diese durchaus über den Rahmen hinausreichen.
Ist die ideale Position gefunden, wird das lichte Rahmeneinbaumaß angezeichnet.

2 Im nächsten Schritt bringen Sie den **Ausschnitt** in die Wannen-

umkleidung ein. Bei einem Wannenträger aus Hartschaum erfolgt dies mit einem Sägemesser. Wer stattdessen eine Stichsäge verwendet, muß darauf achten, daß der Wannenkörper nicht beschädigt wird. Vor allem Kunststoff-Wannen sind in dieser Hinsicht gefährdet.

3 Bei ummauerten Wannen planen Sie die Öffnung am besten gleich beim Aufmauern der Wanneneinfassung ein. Porenbeton-Plansteine, die hierbei bevorzugt eingesetzt werden, lassen sich problemlos mit einer Porenbeton-Handsäge oder auch mit einem elektrischen Fuchsschwanz zurechttrimmen.

4 Überprüfen Sie den Paßsitz des Fliesenrahmens. Dann versehen Sie ihn rückseitig umlaufend mit einer **Silikonraupe**.

5 Jetzt setzen Sie den Rahmen in die Öffnung und drücken ihn fest an. Sicherheitshalber kann man ihn in der Montageposition mit Klebeband fixieren, bis die Silikonverklebung ausgehärtet ist.
Die Wartezeit hängt von der verwendeten Silikonmasse sowie von der Raumtemperatur und

Luftfeuchte ab. In der Regel ist auf der Silikonkartusche ein Richtwert angegeben.

6 Wenn der Rahmen fest sitzt, kann der Wannenkörper gefliest werden.

7 Ist die Wanne eingefliest, verkleben Sie die noch fehlenden Fliesen im Bereich der Revisionsöffnung auf der Trägerplatte. Hierzu dient wiederum Silikonkautschuk. Wenn die Fliese über diese Platte hinausragt, darf die Verklebung nur auf der Trägerplatte selbst erfolgen. Der überstehende Fliesenteil liegt unverklebt auf dem Wannenkörper auf. So läßt sich die Abdeckung samt Fliesen später bei Bedarf problemlos abnehmen.

8 Zum Schluß wird die nach Abbinden der Verklebung probeweise noch einmal entfernte Trägerplatte mit den aufgeklebten Fliesen in den Fliesenrahmen eingesetzt und die gesamte Fläche wie üblich verfugt.

9 Danach ist die Revisionsöffnung unsichtbar verkleidet. Auch ihr Rahmen ist nicht mehr zu erkennen.

8

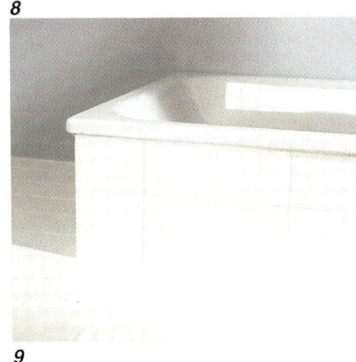

9

10

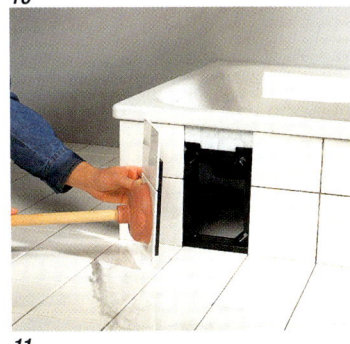

11

10 Um sie im Ernstfall wiederzufinden, klopfen Sie die Wannenfront mit dem Finger ab. Dort, wo es hohl klingt, liegt die gesuchte Öffnung.

11 Um sie freizulegen, kratzen Sie die Verfugung mit einem schmalen **Schraubenzieher** oder einer Ahle aus. Mit einem

mittig auf die Fliesen gedrückten Sauger, wie er zum Reinigen verstopfter Abflüsse dient, läßt sich die Fliesenträgerplatte sauber und sicher aus dem Rahmen lösen. Nach erfolgter Reparatur wird sie wieder eingesetzt und neu verfugt. Dann ist die Revisionsöffnung wieder genauso unsichtbar wie zuvor.

Tapete fürs Bad

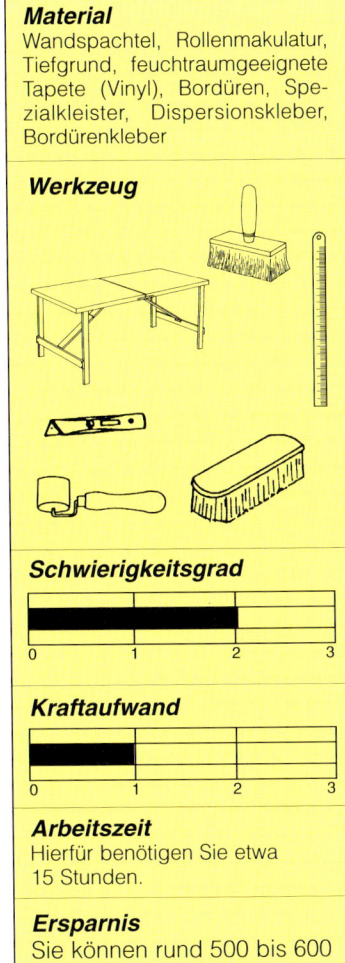

Material
Wandspachtel, Rollenmakulatur, Tiefgrund, feuchtraumgeeignete Tapete (Vinyl), Bordüren, Spezialkleister, Dispersionskleber, Bordürenkleber

Werkzeug

Schwierigkeitsgrad

0   1   2   3

Kraftaufwand

0   1   2   3

Arbeitszeit
Hierfür benötigen Sie etwa 15 Stunden.

Ersparnis
Sie können rund 500 bis 600 Mark einsparen.

Ältere Bäder sind meist nur halbhoch gefliest. Oft werden auch bei der Renovierung die Wände nur teilweise verfliest. Die meisten Renovierer scheuen nämlich Aufwand, Schmutz und Kosten, die mit dem Abschlagen der Altfliesen verbunden sind.

Deshalb ziehen es die meisten Renovierer vor, die neuen Fliesen einfach auf die alten zu kleben, was mit modernen Fliesenklebern problemlos gelingt.

Dann stellt sich allerdings die Frage, wie die verbleibenden Putzflächen und möglicherweise auch die Decke ein freundliches Gesicht erhalten können.

Als pfiffige Alternative zum üblichen weißen oder auch farbigen Anstrich dieser Flächen bietet sich eine zu den Fliesen passende Tapete an, die allerdings der feuchtigkeitsgesättigten Badatmosphäre und dem unvermeidlichen Spritzwasser widerstehen muß. Auch bei der Auswahl von Tapetenkleister und -klebern sind die speziellen Anforderungen von Feuchträumen zu berücksichtigen. Zur Gestaltung von Wandflächen und Decken wurde in diesem Beispiel eine Tapete mit wasserabweisender **Strukturoberfläche** gewählt. Eine passende **Bordüre** nebst gleich gemustertem Dekostoff eröffnet vielfältige Möglichkeiten der Raumgestaltung.

Der leichte Glanz von Strukturtapeten läßt Unebenheiten des Untergrundes besonders auffallen, so daß sich eine gute Untergrundvorbereitung durch Spachteln und anschließendes Schleifen empfiehlt. Wer ein besonders gutes Ergebnis anstrebt, sollte auf das Kleben von spaltbarer **Rollenmakulatur** nicht verzichten, die einen optimalen Tapeziergrund ergibt und einen späteren Tapetenwechsel erleichtert. Rollenmakulatur wird auf Stoß geklebt. Damit sie sich bei einem späteren Renovieren vorschriftsmäßig spaltet und eine durchgehende Papierschicht auf der Wand verbleibt, wird spaltbare Rollenmakulatur mit einer hochwertigen Klebstoffmischung verklebt.
Die frisch geklebte Makulatur sollte gut durchtrocknen (mindestens eine Nacht), bevor tapeziert wird. Etwaige jetzt noch sichtbare Wandfehler lassen sich

1

2

3

4

5

6

durch Nachspachteln noch korrigieren.

1 Für die Verklebung der Tapete dient Spezialkleister mit einem Zusatz von **Dispersionskleber**. Dabei wird eine Packung Kleister in einen Eimer mit fünf Litern kalten Wassers eingerührt.

Wie üblich wird zuerst die Decke tapeziert. Dabei wird die erste Bahn nach Schnurschlag in Richtung des Lichteinfalls geklebt. Bei dieser Technik fallen die Bahnstöße am wenigsten auf. Wichtig für eine saubere und leichte Verklebung ist exaktes Einhalten der Weichzeit.

2 Der mit Dispersionskleber vergütete Kleisteransatz wird mit dem **Quast** aufgetragen und so ausgestrichen, daß ein gleichmäßiger, dünner Kleisterfilm entsteht. Die hohe Anfangshaftung der Kleister/Kleber-Mischung erleichtert das Ansetzen der Bahnen. Das freie Bahnende wird am besten von einem Helfer mit dem Besen abgestützt.
Um Blitzer zu vermeiden, sind alle Bahnen sehr sorgfältig auf Stoß anzusetzen und mit der Gummiwalze sauber anzudrücken.

3–4 Bevor die Wände tapeziert werden, sollte man zum Ansetzen der ersten Bahn im Abstand von ca. 50 cm von einer Raumecke mittels **Lotschlag** eine Ansetzlinie markieren. Bei einer Bahnbreite von 53 cm werden auf diese Weise schiefe Ecken nicht zum Problem. Der durch die Ecke geklebte Überstand wird mit einem scharfen Cuttermesser beschnitten, wobei die Klinge an einem Tapezierlineal oder breiten Kunststoffspachtel geführt wird.

Die anschließende Bahn wird dann ca. 1 cm weit durch die Ecke geklebt und mit der Gummiwalze angedrückt. Bei exakt geradem Wandanschluß kann die Markierung in 53 cm Bahnbreite vorgenommen werden.
Der Deckenbeschnitt erfolgt wiederum mit dem an einem Lineal oder Tapezierspachtel geführten Cuttermesser, wobei auf eine scharfe Klinge zu achten ist, damit die Tapete beim Schneiden nicht einreißt.

Den besonderen Pfiff erhält das Bad durch die als Wandabschluß geklebte passende Bordüre. Sie wird grob auf Maß zugeschnitten und mit einem Schwamm ange-

feuchtet. Durch dieses Befeuchten verliert die Bordüre ihre Rollspannung und läßt sich anschließend leicht mit dem gebrauchsfertigen **Bordürenkleber** beschichten.

5 Der Kleber wird mit einer Heizkörperwalze gleichmäßig dünn auf die Bordürenrückseite aufgerollt.

6 Dann wird die Bordürenbahn in Längsrichtung zusammengelegt, um nach vorschriftsmäßigem Weichen am Deckenanschluß verklebt zu werden. Zum Anwalzen dient wieder eine Gummiwalze. Austretender Kleber sollte ebenso wie beim Tapezieren der Wände umgehend mit einem feuchten Schwamm entfernt werden.

7 Der Eckbeschnitt erfolgt wiederum mit einem Cuttermesser, das an einem in die Ecke gedrückten Kunststoffspachtel geführt wird.

8 Der zum Schluß angebrachte, zur Bordüre passende Vorhangschal rundet das Raumbild des neu gefliesten und frisch tapezierten Bades effektvoll ab.

7

8

Badausbau mit Hartschaumplatten

Material

Styrodur-Fliesenelemente, Sicherheits-Klebemörtel, Rißbrücke, flüssige Dichtfolie, Sicherheits-Fliesenkleber, flexibler Fugenmörtel, Fugenbreit für Bodenfliesen, Fliesenlegerkreuze, Sanitärfugendichter, Fliesen.

Werkzeug

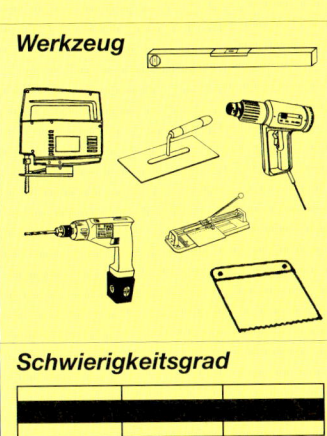

Schwierigkeitsgrad

0	1	2	3

Kraftaufwand

0	1	2	3

Arbeitszeit

Je nach Badgröße und Eigenleistung 80 bis 100 Stunden.

Ersparnis

Sie sparen zwischen 4000 und 5000 Mark.

Wer sein Eigenheim in Eigenhilfe ausbaut oder im Altbau ein Bad einrichten möchte, findet in Fliesenelementen aus Styrodur ein Material, das raschen Arbeitsfortschritt mit großem Gestaltungsspielraum vereint. Styrodur ist ein extrudierter Polystyrol-Hartschaum. Er zeichnet sich durch eine besonders hohe Druckfestigkeit und Steifigkeit, geringes Gewicht und gute Wärmedämmung aus. Das unverrottbare, wasserfeste und leicht zu bearbeitende Material ist beidseitig mit einer Armierungsschicht aus gewebeverstärktem Spezialmörtel versehen. Seine glatte Oberfläche bietet einen idealen Verlegegrund für Fliesen.

Styrodur ist als Plattenware wie auch in Form von Fertigelementen – zum Beispiel zum Verkleiden von Rohrleitungen – im Baustoff-Fachhandel erhältlich.

Das verarbeitungsfreundliche Material bewährt sich nicht nur bei kleineren Badrenovierungen, sondern erlaubt auch eine weitestgehend freie Gestaltung kompletter Badlandschaften. Die Einsatzmöglichkeiten reichen von der Bekleidung roher Wände

1

2

3

4

5

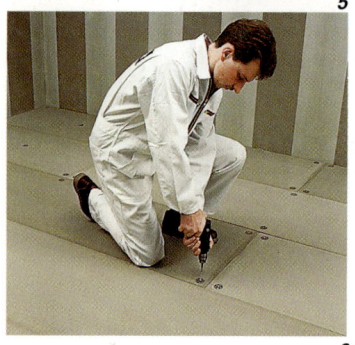

6

und Mischmauerwerks über die Erstellung planebener Fußbodenflächen auf unterschiedlichstem Untergrund bis zum Bau von Trennwänden, Regalen, Ablagen, Podesten und Wannen- und Rohrverkleidungen. Damit bietet sich auch die Möglichkeit, Wannen oder Waschtische mitten im Raum anzuordnen. Die Fliesenelemente lassen sich auf den meisten Untergründen verlegen. Alter Putz und alte Fliesen brauchen nicht abgeschlagen zu werden. Auch muß das vorherige Austrocknen eines Rohbaus nicht abgewartet werden.

Aussparungen sind leicht einzubringen, weil sich die Hartschaum-Platten problemlos maßgenau zuschneiden lassen.

1 Bei der **Wandverkleidung** ähnelt die Verarbeitung dem Ansetzen von Gipskartonplatten. Bringen Sie auf die raumhoch zugeschnittenen Elemente rückseitig in drei Reihen Klebemörtelbatzen auf.

2 Im nächsten Arbeitsgang setzen Sie das Element an die Wand und richten es mit einer langen Wasserwaage oder einem Richt-

scheit exakt waagerecht und senkrecht aus. Indem Element für Element fugenschlüssig auf Stoß angesetzt wird, entsteht eine planebene Wandverkleidung. Falls Zweifel an der Tragfähigkeit des Untergrunds bestehen, sorgen zusätzlich drei bis fünf Dübel pro Quadratmeter für sicheren Halt der Elemente. Dabei ist auf eine ausreichend tiefe Verankerung und planebenes Versenken der Schraubenköpfe zu achten.

3 Sind **Fallrohre** zu verkleiden, helfen vorgefertigte Rohrverkleidungskästen. Sie werden nach Mörtelangabe an die Kanten gegen die angrenzenden Wandflächen gesetzt.

Profitip
Bei der Umkleidung von Rohrleitungen sollten Sie einige Zentimeter Abstand zu den Rohren halten, um die Übertragung von Körperschall auszuschließen. Außerdem ist der Hohlraum lückenlos mit Mineralwolle auszufüllen.

4 Dort, wo später die Duschecke eingerichtet werden soll, armieren

Sie die Stoßfugen zwischen den einzelnen Elementen durch eine in Klebemörtel eingebettete **Rißbrücke aus Gewebe**, die mit Mörtel überspachtelt wird. Anschließendes zweimaliges Überrollen mit flüssiger Dichtfolie blockt Feuchtigkeitseinflüsse zuverlässig ab.

In gleicher Weise isolieren Sie Verdübelungen. Bei Eck- und Dehnungsfugen wird zusätzlich ein sehr dehnfähiges Abdichtband in die flüssige Dichtfolie eingearbeitet. Für Rohrdurchtritte gibt es spezielle Dichtmanschetten.

5 Dank der guten Wärmedämmung schaffen die Fliesenelemente aus Styrodur nicht nur einen planen Verlegegrund für Bodenfliesen, sondern machen auch fußkalte Räume angenehm warm. Auf dem Boden verkleben Sie zunächst die Fliesenelemente vollflächig.

6 Bei alten Holzdielen als Untergrund empfiehlt sich eine zusätzliche Verankerung der Platten mit speziellen **Schraubdübeln**.

7 Dann armieren Sie alle **Stoßfugen** mit Gewebe und überspachteln sie glatt.

7

8

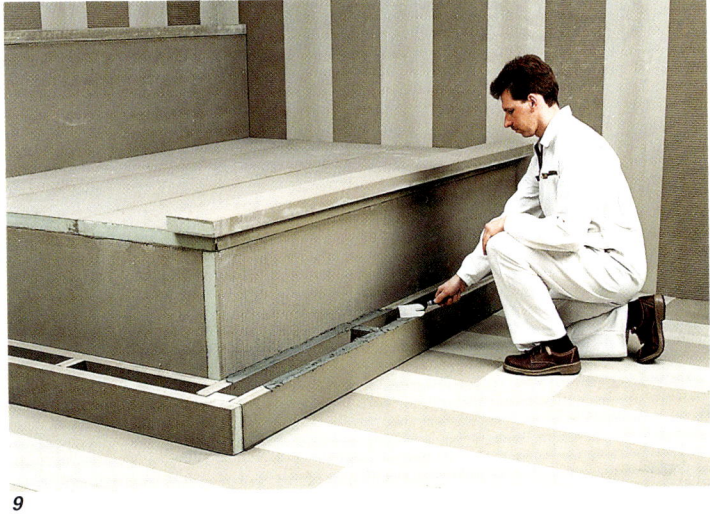

9

10

12

11

13

8 Bei der Gestaltung von Badlandschaften entstehen Trennwände, Podeste, Wannenverkleidungen und ähnliche Bauelemente aus entsprechenden Plattenzuschnitten, die aufgrund der besonderen Beanspruchung mit Epoxid-Kleber zusammengefügt werden. Die auf Maß zugeschnittenen Teile werden an den Auflageflächen mit Kleber versehen und zusammengefügt. Die Kontrolle mit der **Wasserwaage** sorgt hier beim Bau einer Wannenverkleidung für bündige Oberkanten von Außenverkleidung und Stützspanten.

Wer sich bei der Planung an den Fliesenmaßen orientiert, kann weitestgehend auf Fliesenzuschnitte verzichten und erzielt zudem eine sehr harmonische Optik des Bades.

9 Hier ist das Wannenpodest weitgehend fertiggestellt. Nur die Trittstufe muß noch geschlossen werden.
Dazu tragen Sie zunächst Epoxid-Kleber auf die Auflageflächen auf.

10 Dann können Sie die Abdeckung auflegen und sorgfältig andrücken. Ausquellender Kleber wird sorgfältig abgestreift.

11 Nachdem die Wannenkontur angezeichnet wurde, kann der zum Wanneneinbau notwendige Ausschnitt mit einer **Stichsäge** eingebracht werden.

12 Anschließend kleben Sie mit Sicherheitskleber Fliesen auf die Wannenverkleidung auf.

13 Mit der Stichsäge schneiden Sie auch die **Revisionsöffnung** sauber aus (vgl. Arbeitsanleitung »Eine unsichtbare Revisionsöffnung«, ab Seite 80 in diesem Buch).

14 Alle Eck- und Anschlußfugen müssen Sie sorgfältig mit Sanitärfugendichter ausspritzen und anschließend glätten.

15 Dann fliesen Sie den Boden schachbrettartig. Für die Dünnbettverklebung verwenden Sie ebenfalls mit Wasser angemischten Sicherheitskleber.

16 Zuletzt rakeln Sie die flexible Fugenmasse mit dem **Gummiwischer** in die Fugen des Bodenbelags ein.

14

15

16

Wo finde ich was?

Abbildungsverzeichnis

Die nachstehend aufgeführten Firmen haben Bildmaterial zur Verfügung gestellt. Wir danken Ihnen für die Unterstützung. (li.=links, re.=rechts, o.=oben, u.=unten, m.=Mitte)

Alpina Farben VertriebsGmbH & Co., 64372 Ober-Ramstadt: S. 69 (5), 79 (21)

Beiersdorf AG, Produktinformation Tesa, Unnastr. 48, 20245 Hamburg: S. 79 (18, 19), 79 (22)

Caparol Farben, Postfach 1264, 64369 Ober-Ramstadt: S. 69 (2)

Deutsche Rockwool Mineralwoll GmbH, Postfach 207, 45996 Gladbeck: S. 12 (li. o., u.), 13, 17 (u.), 32 (3), 48 (2–4), 52 (13, 14), 75 (2, 3), 76 (4, 6)

Deutsches Tapeten-Institut GmbH, Postfach 500252, 60423 Frankfurt/M.: S. 23 (alle)

Fischer-Werke GmbH & Co. KG, Postfach 52, 72176 Tumlingen: S. 32 (1), 33 (4), 44 (1–4), 45 (6), 61 (2), 66, 69 (7, 9), 79 (20)

Grünzweig + Hartmann AG, Postfach 1240, 68521 Ladenburg: S. 17 (o.)

Hansa Metallwerke AG, Sigmaringer Str. 107, 70567 Stuttgart: S. 25 (o., u.)

Henkel KGaA, Postfach 1100, 40191 Düsseldorf: S. 20 (u.), 21 (li. o., li. u.), 24 (o.), 35 (3), 36 (4), 42 (7, 8), 53 (16), 54 (17–19), 61 (1), 62 (4–6), 63 (7, 8), 64 (9–12), 65 (15), 68 (1–4), 73 (6), 84, 86 (1–6), 87 (7, 8)

Hörmann KG Verkaufsgesellschaft, Upheider Weg 94 - 98, 33803 Steinhagen: S. 58 (1–4), 59 (5–8), 76 (5)

Hoesch GmbH & Co., Postfach 100424, 52304 Düren: S. 6, 19 (u.), 28 (u.)

Kermi GmbH, Pankofen 54, 94447 Plattling: S. 31

Keuco GmbH & Co. KG, Postfach 1365, 58653 Hemer: S. 28 (o.)

Lugato Chemie GmbH, Dr. Büchtemann GmbH & CO., Helbingstr. 60 - 62, 22047 Hamburg 70: S. 20 (o., m.), 35 (1–2), 36 (5–7), 39 (4–6), 41 (1–4), 42 (5–6), 43 (9–11), 74, 76 (9), 77 (10–13), 78 (14–17), 79 (23)

Emil Lux, Postfach 16 10, 42929 Wermelskirchen: S. 21 (re. o., u.)

Marley Werke GmbH, Postfach 11 40, 31513 Wunstorf: S. 80, 81 (1–3), 82 (4–7), 83 (8–11)

Metabowerke GmbH & Co., Postfach 12 29, 72622 Nürtingen: S. 32 (2), 34 (1–3), 45 (7), 65 (14)

Nr. Sicher, Heidelberger Baustofftechnik GmbH, Goebenstraße 15, 44135 Dortmund: S. 88, 89 (1–3), 90 (4–6), 91 (7–9), 92 (10–13), 93 (14–16)

Rigips GmbH, Schanzenstraße 84, 40549 Düsseldorf: S. 33 (5, 6), 45 (5), 46, 48 (1), 49 (5, 6), 50 (7, 8), 51 (9–12), 53 (15), 56, 60, 62 (3), 65 (15), 70, 72 (1–3), 73 (4, 5, 7), 76 (7, 8)

Stiebel Eltron GmbH & Co. KG, Dr.-Stiebel-Straße, 37603 Holzminden 1: S. 10 (alle), 15 (o., u.)

Villeroy & Boch, Postfach 1120, 66688 Mettlach: S. 18, 19 (o.)

G. Wellmann GmbH & Co.KG, Industriestraße 14–18, 32108 Bad Salzuflen: S. 24 (u.), 94

Alle übrigen Fotos stammen aus dem Archiv des Autors.